U0106388

遺產繼承

一本通

伍國賢大律師、
周永勝會計師事務所有限公司團隊
編著

萬里機構

推薦序一

周永勝會計師早年已在本集團處理內地大型房地產及基建項目，其後他創立會計師事務所亦專門處理跨境會計及稅務項目，例如協助海外公司或香港公司進入內地市場或協助民企或國企通過香港發展國際市場。

去年年中，他向我提及跟伍國賢大律師一同編寫一本書籍，講及香港人怎樣處理在大灣區各項財產承傳情況，希望在大灣區融合方面出一分力，故此有《香港人在大灣區：遺產繼承一本通》一書的產生。

書籍在今年三月已完稿，書中內容很新穎，並且結合了內地及香港的遺產法，以至內地有關稅法並提供大量案例；亦詳細講解了香港人在內地有房產／存款或其他資產情況之下，怎樣可以預先規劃資產的承傳給予後人。

他們表示其後有可能創作更多香港人關心大灣區內衣食住行的篇章。

我向廣大讀者推薦這本新書：《香港人在大灣區：遺產繼承一本通》及希望本書能對香港人在大灣區內財產的承傳起到積極的作用。

鄭家成

周大福慈善基金主席

新世界發展有限公司董事

2024 年 4 月 15 日

推薦序二

生老病死，乃人生必經之路。然而，我們常常避談辭世，卻也忽略了生前規劃的重要性。在這個瞬息萬變的時代，特別是隨着粵港澳大灣區的發展，越來越多香港人選擇在內地生活、工作和置業。面對跨境資產分配的問題，如何妥善安排遺產，成為了許多人關注的話題。

伍國賢大律師和周永勝先生攜手撰寫的這本《香港人在大灣區：遺產繼承一本通》，正是為了解答廣大讀者的疑慮而編寫的。作為一名商學院客座教授，和當前的業界人士，我深知風險管理和資產配置的重要性。本書從遺囑的定義入手，詳細介紹了在大灣區有遺囑及無遺囑情況下的資產分配方法，以及生前如何處理遺囑等實務問題。書中還列舉了大量案例，幫助讀者深入理解相關法律知識，並提供了寶貴的見解。

隨着大灣區的發展，遺囑制度也在不斷完善。本書對大灣區遺囑的發展進行了詳細的分析和展望，為讀者提供了前瞻性的思考。作者們洞悉了遺產分配在大灣區發展中的重要作用，為讀者提供了全面的規劃建議。

值得一提的是，本書由兩位經驗豐富的專業人士撰寫，內容全面、案例豐富、語言淺顯易懂，無疑是一本難得的遺產分配指南。相信讀者定能從中獲益良多，為自己和家人的未來做好規劃，並得到啟發。

在此，我由衷地感謝兩位作者的辛勤付出，並推薦這本《香港人在大灣區：遺產繼承一本通》給所有關心遺產問題的讀者。希望本書能成為您手邊的案頭必備，亦期待兩位作者陸續為大家帶來相關之新系列，為您提供專業、務實的指導，助您在大灣區的發展中掌握先機。

蔡惠珊

香港城市大學客座教授

香港中文大學客座副教授

自序一

《粵港澳大灣區》政策是由國務院於 2019 年 2 月公佈，目的是促進廣東省大灣區九個城市及香港澳門兩個特別行政區的經濟發展。

近年，香港不少人士北上工作、旅遊，亦會在大灣區城市置業。當置業人士年齡漸長，就會關注遺產分配的問題。

去年夏天，筆者獲相識二十多年的好朋友周永勝（Vincent Chow）先生邀請，共同撰寫一本有關中港遺產分配的書籍，內容是介紹如何解決香港人在大灣區的生活疑慮，筆者當然樂而為之。

本書有關香港遺囑及遺產分配的內容，由筆者撰寫，如有疏漏，請諒，歡迎指正。

遺囑及遺產處理涉及法律文書的起草及法律程序，每一個案不盡相同，讀者如要訂立遺囑及處理遺產分配問題，要參照律師意見處理。

在此筆者多謝鄭家成先生及香港城市大學客座教授及香港中文大學客座副教授蔡惠珊（Tina Choi）女士為本書寫序。

伍國賢

自序二

近年本事務所常常收到客戶及朋友的查詢，他們有香港家族成員逝世了，並且持有內地物業，但在香港及內地辦理多時，都辦理不了這些資產的繼承事項。

去年初通關後，每天都有很多香港市民往大灣區消費及購入內地房產。故此去年中，筆者有一個設想：寫一本有關香港人持有內地資產的遺產繼承及各種預備承傳方案，並且邀得好友伍國賢大律師一同編寫。當然這是一個很新的研究課題，我們亦加入了很多跨境遺產案例，以便讀者更能了解；如有錯漏，懇請見諒。

在這半年的寫作過程中，筆者要感謝事務所團隊（包括內地同事陳慧做了很多蒐集資料及訪問的工作，以及香港團隊胡嘉業會計師在校閱時提出建設性的意見）。筆者亦要感謝事務所的公司秘書組同事，因為抽調了人手寫作，令到他們除了日常的公司秘書專職外，承擔很多行政的工作。

筆者亦多謝鄭家成先生及蔡惠珊教授為本書寫序。

最後特別感恩天父由歲首至歲晚之看顧。

周永勝

周永勝會計師事務所有限公司執行董事

目錄

推薦序 2

自序 6

前言 11

第一章 遺產繼承相關定義 12

1.1 跨境定義 13

1.2 資產含義 14

1.3 相關遺產繼承名詞定義 16

第二章 訂立遺囑 21

2.1 為甚麼要訂立遺囑？ 22

2.2 香港遺囑 24

2.3 內地遺囑 32

2.4 訂立遺囑的地點 54

2.5 有遺囑下的繼承權辦理手續 59

無遺囑下的遺產處理 61

3.1 無遺囑下香港的遺產分配原則..........62

3.2 無遺囑下內地法定繼承的
分配原則.....................69

3.3 在內地遺下的動產 / 不動產是採用
內地還是香港的遺產法？.................76

3.4 夫妻財產關係....................79

3.5 沒遺囑下的繼承權辦理手續.............86

生前預先處理資產 90

4.1 生前轉讓 / 送贈 / 出售資產.............91

4.2 生前在香港成立信託........................113

五個有關繼承的案例.... 117

案例分析 118

案例一 118

案例二 124

案例三 128

案例四 131

案例五 143

內地遺產稅法
最新發展 154

參考書目 157

後記 158

前言

上世紀八十年代開始，部分香港人已在內地購買住宅或公寓作投資或度假用途。隨着近年粵港澳大灣區①融合，更多香港人在內地置業、消費及作其他投資，例如：數年前內地定期存款的利息較香港為高，故有很多香港人到深圳等地做定期存款。

至通關之後，每逢假日很多香港人到深圳等地消費。當香港人習慣了大灣區等地的生活模式，可以預見將會有更多香港人到大灣區購置物業作度假及退休用途。

在未來幾年裏，這些香港人會很想知道他們在內地購買的房產或在銀行的存款等資產，在去世後可如何處理。

這本書的目的，正是向讀者介紹有訂立遺囑和沒有訂立遺囑的遺產分配及承辦手續等，特別是**針對持內地資產的香港人**，以便大家能早作安排，讓全家老少安心。

註①：粵港澳大灣區，簡稱「大灣區」，是由圍繞中華人民共和國珠江三角洲和伶仃洋組成的城市群，包括廣東省九個相鄰城市：廣州、深圳、珠海、佛山、東莞、中山、江門、惠州、肇慶，以及香港與澳門兩個特別行政區，面積約 5.6 萬平方公里，佔廣東省土地面積的 30% 左右，截至 2018 年人口達 7,000 萬，是中華人民共和國人均國內生產總值（GDP）最高，經濟實力最強的地區之一。據 2024 年 4 月 2 日《香港 01》報道，大灣區 2023 年的經濟總量突破 14 萬億人民幣。現時大灣區在全球四大灣區之中僅次於東京灣區，並已超越紐約灣區及舊金山灣區，甚具發展潛力。
本書系列「香港人在大灣區」所指之「大灣區」是一個約定俗成的說法，是指除香港及澳門以外，上述廣東省九個相鄰城市。

CHAPTER
第一章
ONE

遺產繼承相關定義

1.1

跨境定義

跨境的意思涉及兩個不同區域之間不同法制的規定，如
內地和港、澳、台之間已屬跨境事務。

由於中國大陸覆蓋面積廣且城市眾多，本書內容雖以粵
港澳大灣區為主，但其原理亦應用於大灣區以外的內地
城市。

1.2

資產含義

以繼承為目的的資產，一個香港居民在內地所持有的資產可以分為：（I）不動產及（II）動產。

(I) 不動產是指土地、房屋、公寓和別墅。

(II) 所有其他資產均為動產，如現金和銀行存款、有限責任公司股權、汽車、船隻和飛機、鑽石和珠寶、知識產權（*專利、商標權、肖像權*）、數據以至網絡虛擬財產等。

跨境資產

考考大家

若香港人持有一張內地保險公司發出的保單，這屬於遺產類別中的資產嗎？

這要視乎這張保單是否已列明受益人。若這張保單已列明受益人，這張內地保單的現金價值或理賠不屬遺產內的資產範圍。

若這張保單沒有列明受益人，那這張保單的受益人是預設為「保單的持有人」，則該張保單的現金價值或理賠屬於持有人的遺產。

1.3
相關遺產繼承名詞定義

(I) 香港方面，有關遺產繼承的名詞，解釋如下：

❶ 平安紙是香港人對於遺囑的俗稱，遺囑是立囑人在生前所立的法律文件，用來指示在其過世後的遺產分配。

❷ 長命契（joint tenancy）。用長命契方式擁有物業，表示倘若其中一位擁有人離世，尚存的擁有人就全數承受離世一方的份額。立遺囑人士毋須亦不能利用立遺囑的方式將其佔有的物業業權權益贈予其他人士。

(II) 內地方面，有關遺產繼承的名詞解釋如下：

❶ **民法典：**《中華人民共和國民法典》的簡稱。

❷ **住宅：**指專供居住的房屋，是單純生活居住的地方，包括別墅、宿舍；用地性質為住宅；土地使用年限：70 年。

❸ **公寓：**一種商業或地產投資中的房屋；一般用地性質為商業用地，土地使用年限：40 年。
(有關住宅與公寓的稅費差異將在第四章詳細說明)

❹ **限制民事行為能力人：** 指「獨立通過意思表示進行民事法律行為」的能力受到一定限制的自然人，主要包括：8 周歲以上不滿 18 周歲的未成年人，和不能完全辨認自己行為的成年人。

限制民事行為能力人實施民事法律行為時，會由其法定代理人代理或者經其法定代理人同意、追認，然而，他可以獨立實施純獲利益的民事法律行為，或者與其年齡、智力、精神健康狀況相適應的民事法律行為。

（《民法典》第二十四條第一段規定：不能辨認或者不能完全辨認自己行為的成年人，其利害關係人或者有關組織，可以向人民法院申請認定該成年人為無民事行為能力人或者限制民事行為能力人。）

❺ **無民事行為能力人：** 指「不具有以自己獨立的意思表示進行民事法律行為」的能力的自然人。不滿八周歲的未成年人為無民事行為能力人；不能辨認自己行為的成年人以及不能辨認自己行為的八周歲以上的未成年人為無民事行為能力人。

無民事行為能力人由其法定代理人代理實施民事法律行為。

❻ **遺贈扶養協議**：遺贈扶養協議是遺贈人（即去世者）生前和扶養人之間，關於扶養人承擔遺贈人的生養死葬的義務，而遺贈人的財產在其死後轉歸扶養人所有的協議。遺贈扶養協議是一種平等、有償和互為權利義務關係的民事法律關係。

《民法典》規定，有遺贈扶養的情況下，遺囑扶養人履行了扶養義務的，有權按遺贈扶養協議的約定繼承遺產。

（《民法典》第一千一百五十八條【遺贈扶養協定】：自然人可以與繼承人以外的組織或者個人簽訂遺贈扶養協議。按照協定，該組織或者個人承擔該自然人生養死葬的義務，享有受遺贈的權利。）

❼ **遺囑繼承**：指遺囑中所指定的繼承人，根據遺囑指定的其應當繼承的遺產種類、數額等，繼承被繼承人遺產的一種繼承方式。

❽ **遺贈**：指公民以遺囑方式將個人財產贈予國家、集體或法定繼承人以外的人，於其去世時發生法律效力的民事行為。

（一般在香港所指的遺囑，是指死者立遺囑，將遺產給予其親屬或非親屬；在內地去世者將遺產指定給親屬的則稱為「遺囑繼承」，將有關個人財產贈予非親屬以外的人稱為「遺贈」。）

⑨ **法定繼承：** 法定繼承是指被繼承人去世後，沒有遺囑或遺囑無效或被繼承人未對全部財產作遺囑處分或遺囑繼承人拒絕繼承時，按照法律規定的繼承人範圍、繼承順序和遺產分配份額進行繼承的法律制度。

（法定繼承人一般指去世者的親屬，詳細會在第三章說明。）

⑩ **遺囑管理人：** 根據《民法典》第一千一百四十五條：繼承開始後，遺囑執行人為遺產管理人；沒有遺囑執行人的，繼承人應當及時推選遺產管理人；繼承人未推選的，由繼承人共同擔任遺產管理人；沒有繼承人或者繼承人均放棄繼承的，由被繼承人生前住所地的民政部門或者村民委員會擔任遺產管理人。

⓫ **夫妻的共同財產：**根據《民法典》第一千零六十二條：夫妻在婚姻關係存續期間所得的下列財產，為夫妻的共同財產，歸夫妻共同所有：

(一) 工資、獎金、勞務報酬；

(二) 生產、經營、投資的收益；

(三) 知識產權的收益；

(四) 繼承或者受贈的財產，但是本法第一千零六十三條第三項規定的除外（*即遺囑或者贈予合同中確定只歸一方的財產*）；

(五) 其他應當歸共同所有的財產。夫妻對共同財產，有平等的處理權。

CHAPTER

第二章

TWO

訂立遺囑

2.1

為甚麼要訂立遺囑？

法律無規定訂立遺囑的義務。不過，當一個人擁有若干資產而又打算在其離世後根據其意願分配其財產予其後人、親戚及朋友之時，就有立遺囑的需要。

現在香港有不少人擁有過千萬資產，匯豐曾在 2023 年 9 月 1 至 10 日進行研究，調研對象介乎 24 至 64 歲；隨後於同年 10 月發表匯豐中產報告，報告顯示，每 17 名受訪者中就有 1 名的流動資產超過港幣一千萬。（參考〈滙豐調查：港人富裕階層 33 歲賺取第一個百萬　普遍認為擁 637 萬才算中產〉〔https://www.stheadline.com/lifetips/3281404/〕）

如此推算，香港有過千萬資產的市民會超過 40 萬人，當然擁有數百萬資產的市民亦有不少數目，當中希望根據自己意願分配其財產的定當不少。

在實務上，有些人在進行大手術前，為預防手術有意外而立下遺囑；未婚而有穩定男女朋友的，亦有立遺囑的誘因。不過，在法律上，男女朋友甚至是未婚夫妻並沒有配偶關係，如果無立遺囑，一般情況下，**男女朋友、未婚夫妻是無法律地位接受死者財產的分配**。這類人士

最好在有生之年立下遺囑，特別是當頭腦清醒時，依法立遺囑；如打算訂立遺囑，該遺囑必須是受香港法律保護的有效遺囑。無效的遺囑可能會受到一些後人（*通常是家庭成員*）的質疑。到時，將會浪費不必要的時間和金錢。

持有內地資產的香港人越來越多，究竟訂立遺囑應在香港還是內地？兩者有何異同？詳見接續章節的分析。

香港遺囑

香港有效遺囑的要求

遺囑在立遺囑人離世後生效。為避免遺囑受到質疑，建議由香港的律師起草遺囑。

立遺囑後，受益人的情況和立遺囑人的意願也可能發生變化。在這種情形下，立遺囑人可以更改原始遺囑的條款並立下第二份遺囑。立遺囑人可以更改遺囑，只要立遺囑人神志清醒就可以。立遺囑人可以立下多少份遺囑沒有限制。因此，在立遺囑時，立遺囑人會聲明：「**我現在撤銷我以前的所有遺囑，這是我最後的遺囑**」。

在大多數情況下，假設立遺囑人具有訂立遺囑所需的神志清醒，就毋須提供神志方面的證據。但是，如果立遺囑人：(I) 患有精神疾病；或 (II) 病得很嚴重並且正在接受藥物治療，他需要證明他在一段時間內是神志清醒，以便在簽署遺囑時知道並同意遺囑的內容。要證明這一點可能非常困難。通常，法院要求提供證據，證明至少有一名醫生在簽署遺囑之前檢查並確認了患病的立遺囑人神志清醒，並見證了這一過程。

(舉例，可參閱〈主診醫生確認 阿梅清醒立遺囑〉《香港文匯報》：「養和醫院腫瘤科主管張文龍醫生，昨就梅艷芳遺產案出庭作證，指梅艷芳於簽署遺囑時，神志清醒。」〔http://paper.wenweipo.com/2008/04/17/HK0804170012.htm〕)

此外，如果立遺囑人因為：(I) 被強迫立遺囑；及 (II) 被施加壓力立遺囑，則法院可以用基於不當影響而立遺囑為理由，裁定遺囑無效*（例如立遺囑人在威脅下簽署遺囑）*。如果遺囑是由於欺詐或不當影響而簽名的，則遺囑可能會受到質疑。

為方便識別受益人，最好填報受益人的香港身份證號碼。否則，將來必須提供文件來證明立遺囑人和受益人之間的關係；如果受益人與立遺囑人之間沒有關係，就更加建議填報受益人的香港身份證號碼。

在香港，一般夫婦購買物業會用長命契（joint tenancy）形式擁有物業。如果立遺囑人是長命契物業的一方擁有人，立遺囑人是毋須，亦不能利用立遺囑的方法將其佔有的 半物業業權贈予其他人士，因為用長命契方式購

買並成為物業擁有人之後，倘若其中一位擁有人離世，尚存的擁有人就全數承受離世一方的份額。換句話說，一旦長命契中的一位擁有人的物業業權，在離世後，就自然地轉到尚存的長命契擁有人手中。

在香港訂立有效遺囑的須知要點

❶ 遺囑是一份文件，通過該文件，立遺囑人於去世後將他的不動產（例如：*房產和別墅*）和動產留給其想給予的人。不動產是指土地和建築物；動產是指其他資產，例如：銀行現金和存款、證券和債券、鑽石和珠寶、繪畫和素描、汽車和船隻、知識產權（*專利、商標權*）、數據、網絡虛擬財產等等。

❷ 立遺囑人必須在精神上健康，能理解遺囑的內容的情況下立遺囑。對於病患嚴重或患有精神疾病但仍明白遺囑內容的長者，建議在簽署遺囑時安排醫生在場，並讓最少兩名見證人見證立遺囑人簽署遺囑。

❸ 遺囑必須以書面形式，並由訂立遺囑時年滿 18 歲的人訂立。遺囑必須由見證人見證。見證人的職責是見證立遺囑人簽署遺囑，見證人毋須了解遺囑內容。

❹ 見證人或見證人的配偶不能成為遺囑的受益人。如果見證人或其配偶被指定為遺囑的受益人，則該見證人或其配偶可以被取消為受益人。

❺ 有效遺囑可以用中文或英文書寫。

❻ 在遺囑中，應該有指定遺囑執行人。為了提高遺囑執行效率，最好是委任指定受益人作為遺囑執行人，儘管這樣做並不是強制性。遺囑執行人的數目最好起碼有兩位，否則，當唯一遺囑執行人過身時，就需要向法院申請委任新的遺囑執行人。

❼ 立遺囑人應注意遺囑執行人的職責。遺囑執行人是根據遺囑去管理立遺囑人的遺產的人。從本質上說，遺囑執行人將：（I）通過遺囑從法院獲得遺囑認證；（II）確定遺囑人的資產（例如銀行帳戶）；（III）償還立遺囑人的未償債務；以及（IV）根據遺囑將立遺囑人的遺產分配給受益人。如果遺囑執行人需要為受益人照護資產，例如，因為受益人是未成年人，遺囑執行人也將被任命為受託人。因此，遺囑執行人和受託人通常是同一個人。

⑧ 最好為未成年子女提供指定監護人，監護人是有責任確保照顧和撫養未成年子女的人。監護人將負責孩子成長及生活的方方面面，基本上從食物、教育、衣服到醫療等等提供照護。

⑨ 讀者應該預見訂立遺囑的可見問題，因此最好聘請專業人士起草遺囑，以避免出現立遺囑人在未能預見的情況下而出現問題，例如：遺囑未處置部分資產的情況，又或者立遺囑人希望受益人享有資產收入的信託而不僅僅是資產的贈予。

⑩ 立遺囑人、見證人應在遺囑每頁的右下角簽名。

⑪ 遺囑不應打孔或裝釘，應放入信封中。

香港遺囑示例

示例

<u>遺囑</u>

本人是張明輝，持有香港身份證號碼 A234XXX（0），居於香港中環皇后大道 X 號 X 樓 X 室，於 2023 年 5 月 2 日訂立此遺囑，條款如下：

1. 我已經撤銷了我所有其他的遺囑、所有修訂遺囑及附件。這是我最後的遺囑。

2. 本人聲明本人為香港居民，本人的遺產將按照香港法律處理。

3. 我將委任林一籌先生為本遺囑的執行人。

4. 我會將我所有的不動產及動產給予持有香港身份證號碼 B123XXX（0）的陳義美女士。

5. 我聲明，我沒有任何親戚或任何人士依靠我支付他們的生活費。

本遺囑立遺囑人張明輝

簽名：

遺囑見證人

陳達明先生，香港身份證號碼 C345XXX（0）持有人

簽名：

張明智先生，香港身份證號碼 D678XXX（0）持有人

簽名：

立香港遺囑後，就可以安枕無憂嗎？

讀者應注意，即使遺囑已有效擬備，並在立遺囑人去世之日生效，不過，由於受益人及遺囑執行人之間可能存在爭議，爭議仍可能在以後發生。在這種情況下，即使遺囑執行人之間只有爭議，而沒有犯任何不當行為，但是根據遺囑有效指定的遺囑執行人，仍可以由法院指定人士取代。例如在英國法庭案例 Angus v Emmott [2010] EWHC 154（Ch）一案中，遺囑執行人之間的緊張關係已經變得顯而易見，因為在 2007 年死者去世後，遺囑執行人「在幾年內進行了兩次敵對訴訟」。法院最終罷免了所有三名遺囑執行人，認為這將是「確保為了所有受益人的利益而妥善管理遺產的最安全和最適當的

做法」，並由法院委任其他人士擔任遺囑執行人。

另外一個可以引起爭產的原因就是根據《財產繼承（供養遺囑及受養人）條例》，任何人士在死者生前是完全或主要依靠死者養活的，無論死者有無立遺囑，該等人士皆可以向法庭申請從死者遺產中獲得合理的生活費用。

如果立遺囑後，仍然可能發生爭產問題，應如何處理？筆者認為要視乎立遺囑人的財產有多少及預見可能爭產的機會有多大。如果財產有數億、數十億或過百億以上，而且可能爭產的人數多，以及出現爭產的可能性較大，當事人可以考慮在生前已經分配其財產予受益人，同時留起一部分財產作為自己餘生的生活費。當然，每一個案都有其獨特的情況，最終的決定取決於每一個案的事實和立遺囑人的期望，所以沒有一種適合所有情況的解決方案。

2.3

內地遺囑

內地訂立有效遺囑的要求

《民法典》規定的遺囑形式：分六種，分別有自書遺囑、代書遺囑、列印遺囑、錄音錄影遺囑、口頭遺囑和公證遺囑六種形式。

一、自書遺囑：《民法典》第一千一百三十四條規定：「自書遺囑由遺囑人親筆書寫，簽名，註明年、月、日。」*（按：內地的自書遺囑不用見證人，這點跟香港的遺囑不同）*。

二、代書遺囑：《民法典》第一千一百三十五條規定：「代書遺囑應當有兩個以上見證人在場見證，由其中一人代書，並由遺囑人、代書人和其他見證人簽名，註明年、月、日。」

三、列印遺囑：《民法典》第一千一百三十六條規定：「列印遺囑應當有兩個以上見證人在場見證。遺囑人和見證人應當在遺囑每一頁簽名，註明年、月、日。」

四、錄音錄影遺囑：《民法典》第一千一百三十七條規定：「以錄音錄影形式立的遺囑，應當有兩個以上見證人在場見證。遺囑人和見證人應當在錄音錄影中記錄其姓名或者肖像，以及年、月、日。」

五、口頭遺囑：《民法典》第一千一百三十八條規定：「遺囑人在危急情況下，可以立口頭遺囑。口頭遺囑應當有兩個以上見證人在場見證。危急情況消除後，遺囑人能夠以書面或者錄音錄影形式立遺囑的，所立的口頭遺囑無效。」

六、公證遺囑：指經過公證機關公證的遺囑，公證遺囑應當一式二份，由公證機關和遺囑人分別保存，遺囑人必須親自辦理公證遺囑，不得代理。應由兩名以上的公證員共同辦理。因特殊情況只有一名公證員辦理的，應由一名見證人見證並簽名。

六種遺囑形式比較

種類	普通形式要件	特殊形式要件
自書遺囑	註明 年、月、日	要式＋親筆書寫（不能列印） ＋簽名
公證遺囑		❶ 遺囑人親自申請（不得代理） ❷ 經公證處公證
代書遺囑	❶ 有兩個以上無利害關係的見證人當場見證（理由：因不是親筆書寫和沒有權威的公證處加持，必須加強防範。） ❷ 註明年、月、日。	❶ 遺囑人口述，其中一個見證人代書； ❷ 遺囑人確認無誤後，代書人、其他見證人、遺囑人共同簽名。
錄音錄影遺囑		遺囑人和見證人應當在錄音錄影中記錄其姓名或者肖像。
口頭遺囑		❶ 在危急情況下。 ❷ 見證人應當記錄遺囑內容（無法當場記錄的，可事後補記）。 ❸ 記錄人、其他見證人應當簽名。【推翻】危急情況解除後，遺囑人能以書面或者錄音錄影形式立遺囑的，所立的口頭遺囑無效。
列印遺囑		遺囑人書寫的遺屬列印後，為列印遺囑；遺囑人和見證人應當在列印遺囑每一頁簽名。

遺囑的法律效力

在所有的遺囑形式中，是否公證遺囑的法律效力最高？

由 2021 年《民法典》開始實施，《民法典》第一千一百四十二條規定：「遺囑人可以撤回、變更自己所立的遺囑。立遺囑後，遺囑人實施與遺囑內容相反的民事法律行為的，視為對遺囑相關內容的撤回。立有數份遺囑，內容相抵觸的，以最後的遺囑為准。」

根據上述法律規定可知，公證遺囑的法律效力將不再優於其他形式的遺囑，即使有公證遺囑存在，也可以以自己的行為改變、或撤銷公證遺囑。此處變化，表明《民法典》對於立遺囑人意思自治的肯定和尊重。存在多份遺囑，以自然人最後所立遺囑為准。

遺囑無效的情況

《民法典》第一千一百四十三條規定：「無民事行為能力人或者限制民事行為能力人所立的遺囑無效。」

遺囑必須表示遺囑人的真實意思，受欺詐、脅迫所立的遺囑無效。偽造的遺囑無效。遺囑被篡改的，篡改的內容無效。

確認遺囑效力的流程

❶ 遺囑人須有遺囑能力；

❷ 遺囑須是遺囑人的真實意思表示；

❸ 遺囑不得取消缺乏勞動能力又沒有生活來源的繼承
人的繼承權；

❹ 遺囑中所處分的財產須為遺囑人的個人財產；

❺ 遺囑須不違反社會公共利益和社會公德；

❻ 遺囑的形式符合法定形式要件。

綜上所述，自書遺囑、代書遺囑、列印遺囑、錄音錄影
遺囑、口頭遺囑、公證遺囑具有同等效力，如果立有數
份遺囑，內容相抵觸的，以最後的遺囑為准。

例子一

　　佛山人劉先生今年 70 歲，有太太，兒子及女兒。
有銀行存款，深圳房產及佛山老宅。

　　突然，劉老先生高血壓病發作，於是馬上口頭立遺
囑，當時在場人有他的太太、兒子及兒媳。劉老先生立
刻找他兩個鄰居作見證；口頭遺囑將其銀行存款全部留
給兒子；深圳房產一半給兒子，一半給女兒；佛山老宅

給其太太。數日後，劉先生康復。重新親自起草一份遺囑，並簽名及寫日期。

以上，根據《民法典》第一千一百三十八條規定「遺囑人在危急情況下，可以立口頭遺囑。口頭遺囑應當有兩個以上無利害關係的見證人在場見證。危急情況消除後，遺囑人能夠以書面或者錄音錄影形式立遺囑的，所立的口頭遺囑無效。」所以，**劉先生最後的自書遺囑為有效遺囑。病危時所立口頭遺囑無效。**

假如，劉先生因高血壓發作後搶救無效死亡，則當時所立口頭遺囑有效。

例子二

香港人劉先生今年 70 歲，有太太，兒子及女兒。有深圳銀行存款、深圳房產及香港物業。他有長期病患，包括糖尿病及高血壓。為了往後容易處理他的資產，他想到深圳公證處立一張遺囑，將他在香港及內地的財產傳給他的兒子及女兒。他有甚麼需要注意？

劉先生在深圳公證處只能就其深圳名下的財產訂立公證遺囑，而香港的財產需要在香港做遺囑。其次需要劉先生本人攜帶身份證親自去深圳公證處辦理遺囑公證。

內地遺囑示例

一般來說，遺囑應當包含以下內容 *(以自書遺囑為例)*：

❶ 立遺囑人身份資訊及家庭成員情況：姓名、身份證號碼等；

❷ 具體的遺產資訊：存款、不動產、股票、股權等；

❸ 繼承人身份資訊：繼承人姓名、身份證號碼、與立遺囑人的關係；

❹ 時間（年月日）；

❺ 親筆書寫及簽名加按手印

另應加備註：「本人精神狀況良好、有完全民事行為能力的說明文字，未受脅迫、欺騙，自願做出本遺囑的說明文字。」再附帶一份筆跡鑒定樣本。

自書遺囑（需立遺囑人親筆書寫）

遗嘱

立遗嘱人：陈平安，性别男，出生日期 1950 年 x 月 x 日，公民身份证号码：4009241950xxxxxxxx。

我唯一的妻子在 1999 年去世。家庭目前有一儿一女，分别是儿子陈小平（公民身份证号码：4009241985xxxxxxxx），女儿陈小美（公民身份证号码：4009241990xxxxxxxx）。我年事已高，为避免子女因遗产继承问题发生争议，特立遗嘱如下：

一、关于本遗嘱

1. 订立本遗嘱时，本人身体状况良好、精神状况正常、具有完全民事行为能力；

2. 本遗嘱所有内容均为本人真实意思表示，未受到胁迫、欺骗；

3. 在本遗嘱订立前，本人未对本遗嘱所涉财产与他人签订遗赠抚养协定、赠予合同，也未订立过其他遗嘱。

二、遗嘱内容

1. 2000 年本人在中山小榄镇晨星花园购买了一套别墅，别墅以我个人陈平安的名义持有，权属证书（粤 2000 中山市不动产权第 xxxxxx 号）。在我离世后该别墅归儿子陈小平所有。房屋如被拆迁或征收等、安置、调换的房屋或补偿款及其他全部利益也全部由儿子陈小平继承。

2. 2008 年我在中山石岐购买了一个公寓单位，业权以我个人陈平安名义拥有，权属证书（粤 2015 中山市不动产权第 xxxxxx 号）。在我离世后该别墅归女儿陈小美所有。房屋如被拆迁或征收等、安置、调换的房屋或补偿款及其他全部利益也全部由女儿陈小美继承。

3. 我在 2001 年中国银行深圳支行开立户口：号码 6013821995xxxxxxxxx，这银行户口结余由陈小平和陈小美平分，一人一半。

立遗嘱人：陈平安

（签字及手印）

2023 年 12 月 x 日

示例二

公證遺囑

遗嘱

　　立遗嘱人：陆平，性别：男，一九 xx 年 x 月 x 日出生，公民身份证号码 40092419xxxxxxxxxx。

　　我的主要亲属关系及婚史详见我签署的遗嘱公证笔录及《申办遗嘱公证法定继承人联系方式确认表》，本人对此已确认无误，并承诺我的继承人和需要我赡养和供养的人当中，没有尚未列明的胎儿和缺乏劳动能力又没有生活来源的法定继承人。

　　下列财产属于我（陆平）的个人合法财产：

1. 位于广东省深圳市 ***** 房产的 **% 产权（房地产证号码：深房地字　第 ****）。

2. 上述房产因拆迁赔偿所获得的全部财产权益，包括但不限于安置费、赔偿款以及回迁房等相关权益。

3. 本人名下的其他一切财产。

现因本人为防不测和发生纠纷，特立本遗嘱：在我死亡后，将上述财产中依法属于本人所有的财产份额及应由我继承的财产份额留给我的儿子＊＊＊（一九＊＊年＊＊月＊＊日出生，公民身份证号码：＊＊＊＊）和女儿＊＊＊（一九＊＊年＊＊月＊＊日出生，公民身份证号码：＊＊＊＊），两人各占上述全部财产的1/2财产份额，均不作为各受益人的夫妻共同财产，他人不得干涉。

本遗嘱在本人死亡后生效。

立遗嘱人死亡后，遗嘱受益人应持本遗嘱到公证处办理继承权公证，并到产权登记机关办理产权变更登记手续。

截至今日，我除此份遗嘱外，未就本遗嘱涉及的财产签署过其他任何遗嘱、遗赠，也没有与他人签署任何遗赠扶养协议。如需修改，本人将持本遗嘱到深圳市深圳公证处办理新的遗嘱。在此之前，本人所立的与此次遗嘱内容相抵触的遗嘱、遗赠均无效。

本遗嘱制作一式二份，一份由立遗嘱人收执，一份由深圳市深圳公证处保存。

立遗嘱人：陆平

（签字）

二〇xx年x月x日

立內地遺囑後，就可以安枕無憂嗎？

即使已在內地有效擬備遺囑，下列情況仍需特別留意。

照顧特殊需要人士

根據《民法典》第一千一百三十條：「同一順序繼承人繼承遺產的份額，一般應當均等。對生活有特殊困難又缺乏勞動能力的繼承人，分配遺產時，應當予以照顧。」

對被繼承人（即死者）盡了主要扶養義務或者與被繼承人共同生活的繼承人，分配遺產時，可以多分；若有扶養能力和有扶養條件的繼承人不盡扶養義務的，分配遺產時應當不分或者少分。繼承人協商同意的，也可以不均等。

夫妻的共同財產

根據《民法典》第一千零六十二條：夫妻在婚姻關係存續期間所得的下列財產，為夫妻的共同財產，歸夫妻共同所有：

（一）工資、獎金、勞務報酬；

（二）生產、經營、投資的收益；

（三）知識產權的收益；

（四）繼承或者受贈的財產，但是本法第一千零六十三條第三項規定的除外（即遺囑或者贈予合同中確定只歸一方的財產）；

（五）其他應當歸共同所有的財產。夫妻對共同財產，有平等的處理權。

夫妻共同財產，是指夫妻在婚姻關係存續期間取得的財產。婚姻存續期間是指自合法婚姻締結之日起至夫妻一方死亡或離婚生效之日止。

例子一

　　陳先生為香港人，1980 年在香港結婚，陳太亦是香港人。

　　在 2010 年，陳先生在中山小欖買了一個別墅單位。陳生及陳太自 2010 年後基本上共同居住於中山。

　　別墅單位的產權只登記了陳先生本人。

　　根據《民法典》第一千零六十二條，在 2010 年是陳先生及陳太的婚姻續存期間，故雖然單位只登記了陳先生個人名義，這個中山小欖的別墅單位是屬於「夫妻共同資產」；故實質上，陳先生只佔有這個單位的業權一半，另陳太亦佔有這個單位的業權另一半。

例子二

　　續以上陳先生的例子，因他自覺年事已高，2020年在香港律師樓立一遺囑，其中一條有關以上的中山小欖別墅單位的產權給他的兒子陳小明。

　　因為這個中山別墅是屬於陳先生與陳太的「夫妻共同資產」，雖然單位的產權上只列明陳先生的名字，所以陳先生只能把他佔有這個單位產權的一半權益，通過遺囑方式給他的兒子陳小明。

　　至於陳先生死後，陳太仍然持有實質這個中山單位的另一半產權權益，她可以把這個權益「轉讓」給他的兒子陳小平。(詳細方法在第四章說明)

遺贈扶養協議

遺贈扶養協議是遺贈人（即死者生前）和扶養人之間關於扶養人承擔遺贈人的生養死葬的義務，遺贈人的財產在其死後轉歸扶養人所有的協議。**遺贈扶養協議是一種平等、有償和互為權利義務關係的民事法律關係。**

《民法典》規定，有遺贈扶養的情況下，遺囑扶養人履行了扶養義務的，有權按遺贈扶養協議的約定繼承遺產。

《民法典》第一千一百五十八條【遺贈扶養協定】:「自然人可以與繼承人以外的組織或者個人簽訂遺贈扶養協議。按照協定，該組織或者個人承擔該自然人生養死葬的義務，享有受遺贈的權利。」

例子一

無遺囑但有遺贈撫養協議

陳伯是香港人，今年 70 歲，他的妻子已離世多年，他的子女均已移民海外，只餘下他一人在香港。

由 2015 年開始，陳伯住在家鄉中山的公寓住宅。

他的鄰居是一對當地中山人陸氏夫婦，年齡約 30 多歲，跟陳伯並沒有任何血緣關係。

陸氏夫婦見陳伯一個老人家乏人照顧，故每天都請他到家裏吃飯，並每星期順便陪陳伯到中山醫院看病。

因陳伯的子女多年沒有聯絡或照顧他，他害怕自己百年歸老以後沒有人幫他辦理各項火化及安葬等手續。

陳伯從內地律師口中知道有一種叫「遺贈撫養協議」，可以寫明要求陸氏生前照顧他，及至他死後，陸氏協助辦理火化及安葬在中山的家鄉公墓手續，相關手續完成後，這個中山公寓住宅的產權轉讓給陸先生。

遺贈扶養協議是指遺贈人（即以上陳伯）和扶養人（即以上陸先生）為明確相互間遺贈和扶養的權利義務關係所訂立的協議。遺贈人必須是具有完全民事行為能力、有一定的可遺贈的財產（即以上公寓住宅），並需要他人扶養的自然人。扶養人必須是遺贈人法定繼承人以外的個人或組織，並具有完全民事行為能力、能履行扶養義務。

例子二

同時有遺贈撫養協議及遺囑

續以上例子，當陳伯與鄰居陸先生簽訂遺贈撫養協議後，陳伯的女兒從加拿大回香港，苦苦哀求陳伯下，陳伯終於在香港的律師樓簽訂遺囑，把女兒列為中山公寓的繼承人。

陳伯在 2024 年 4 月去世。

鄰居陸先生按遺贈撫養協議，協助辦理陳伯火化及安葬在中山的家鄉公墓手續。

　　之後，陸先生按照遺贈撫養協議，在中山房產局辦理產權轉名登記手續時，陳伯的女兒要求陸先生停止辦理。

　　究竟誰可得到這個中山物業的產權？

遺贈扶養協議效力優先於遺囑

根據《民法典》第一千一百二十三條【法定繼承、遺囑繼承、遺贈和遺贈扶養協議的效力】，繼承開始後，按照法定繼承辦理；有遺囑的，按照遺囑繼承或者遺贈辦理；有遺贈扶養協定的，按照協定辦理。本條是關於法定繼承、遺囑繼承、遺贈、遺贈扶養協議關係的規定。**遺贈扶養協議具有效力優先性，若遺贈扶養協議與遺贈、遺囑繼承並存，則應當優先執行遺贈扶養協議。**

關於法定繼承、遺囑繼承、遺贈、遺贈扶養協議關係
的規定及優先效力次序

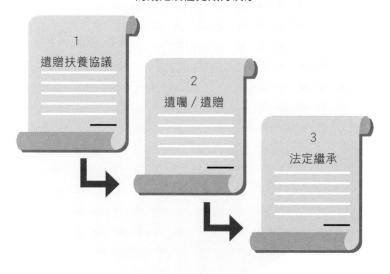

被繼承人生前與他人訂有遺贈扶養協定，同時又立有遺囑的，繼承開始後，如果遺贈扶養協議與遺囑沒有抵觸，遺產分別按協議和遺囑處理；如果有抵觸，按協定處理，與協定抵觸的遺囑全部或者部分無效；立有數份遺囑，內容相抵觸的，以最後遺囑為准。

陳伯與鄰居陸先生的遺贈撫養協議，優先於陳伯對於女兒的遺囑繼承。故此，陸先生能得到中山公寓的業權。

不受遺囑規限的事項或資產

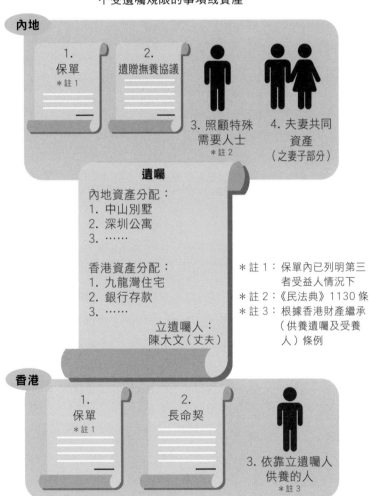

內地

1. 保單 *註1
2. 遺贈撫養協議
3. 照顧特殊需要人士 *註2
4. 夫妻共同資產（之妻子部分）

遺囑

內地資產分配：
1. 中山別墅
2. 深圳公寓
3. ……

香港資產分配：
1. 九龍灣住宅
2. 銀行存款
3. ……

立遺囑人：
陳大文（丈夫）

＊註1：保單內已列明第三者受益人情況下
＊註2：《民法典》1130 條
＊註3：根據香港財產繼承（供養遺囑及受養人）條例

香港

1. 保單 *註1
2. 長命契
3. 依靠立遺囑人供養的人 *註3

內地遺產繼承案例

案例

<u>廣東省江門市蓬江區人民法院（2014）</u>
<u>江蓬法棠民初字第 1 號</u>

該案例原告涂美英與黃錫源於 1987 年 5 月 18 日在原新會縣民政局登記結婚，夫妻未生育子女，被告黃景恒是原告的養子。黃錫源於 1988 年 8 月 5 日在香港因病逝世。黃錫源的父母在黃錫源與原告結婚前的早年逝世。原告與黃錫源共同擁有房屋三間及土地使用權。原告因丈夫黃錫源逝世多年，現要求與丈夫的養子即本案被告分割上述房屋及其土地使用權。原告因此向法院提起訴訟，請求判令：一、請求分割三處房地產，原告佔四分之三，被告佔四分之一。

最終，本案證據尚不能認定被告黃景恒是黃錫源的繼承人，被繼承人死亡後，其遺產應發生繼承。由於被繼承人黃錫源的繼承人範圍未能確認，生前又無立遺囑分割其遺產，故黃錫源的遺產依法不能進行分割。但根據本院查明的事實，依法可以確認原告對三處房屋均享有 50% 的所有權，該份額沒有超出原告的請求範圍，

本院對此予以確認。但，對於原告主張對上述財產進行分割，原告佔四分之三，被告佔四分之一的請求，本院不予採納導致不能分割被繼承人遺產。

學習之處

從這案例可以看出，本案的關鍵問題是被繼承人黃錫源的遺產範圍及黃錫源的繼承人範圍。

1. 遺產範圍

以上三處房產是共同擁有（*即黃錫源及涂美英夫妻兩人的名字共同登記在房產證上*），故妻子可以依法佔有 50% 的產權。剩下的 50% 才作為被繼承人黃錫源的遺產，按照法定繼承來分割繼承。依據：《民法典》第一千一百二十七條，遺產按照下列順序繼承：

（一） 第一順序：配偶、子女、父母；

（二） 第二順序：兄弟姐妹、祖父母、外祖父母。

繼承開始後，由第一順序繼承人繼承，第二順序繼承人不繼承；沒有第一順序繼承人繼承的，由第二順序繼承人繼承。

（本編所稱子女，包括婚生子女、非婚生子女、養子女和有扶養關係的繼子女。

本篇所稱父母，包括生父母、養父母和有扶養關係的繼父母。

本篇所稱兄弟姐妹，包括同父母的兄弟姐妹、同父異母或者同母異父的兄弟姐妹、養兄弟姐妹、有扶養關係的繼兄弟姐妹。）

2. 繼承人範圍

因為不能證明被告黃景恒是被繼承人的養子，故黃錫源的繼承人範圍未能得到確認。最終導致被繼承人黃錫源遺產不能按照法定繼承分割，黃錫源遺產仍然在其名下。

所以若繼承人範圍不能清晰劃分，或遺產眾多且分佈在境內境外，為避免不必要的麻煩，還是建議在生前訂立好遺囑處理全部資產，否則將導致繼承人不能順利繼承遺產。

2.4

訂立遺囑的地點

我們簡介了香港或在內地訂立遺囑的要式條件後，那麼一個香港居民如果在內地有資產（例如房產及銀行存款）下，究竟他應該在香港訂立遺囑還是在內地訂立遺囑呢？

根據我們在內地公證署訪問的經驗，如果一個香港居民要找內地公證署訂立遺囑，內地的公證署只能協助這個香港居民為其內地的資產訂立遺囑。

而若香港居民在香港訂立遺囑，立遺囑人可以把自己在香港及內地的資產一併寫在香港的遺囑上。

故此在實務上，筆者比較建議若香港居民同時有香港及內地的資產，可以找香港的律師在香港訂立一張遺囑。

香港居民訂立遺囑處理其內地資產須符合《中華人民共和國涉外民事關係法律適用法》要求，如下：

遺囑方式

指立遺囑必須具備的法定形式，如 2.3 節提到的自書遺囑、代書遺囑等 6 種形式。《涉外民事關係法律適用法》

第三十二條【遺囑方式】：符合遺囑人立遺囑時或者死亡時經常居所地法律、國籍國法律或者遺囑行為地法律的，遺囑均為成立。

遺囑效力

指有效遺囑必須具備的實質要件，如立遺囑人具有遺囑能力、遺囑內容合法等。《涉外民事關係法律適用法》第三十三條【遺囑效力】：適用遺囑人立遺囑時或者死亡時經常居所地法律或者國籍國法律。

例子一

　　香港人 Peter，在 2015 年開始在香港發展餐廳事業；2023 年開始，他在深圳成立餐廳，但經常居所地仍在香港。

　　他在 2023 年中於深圳購入一寫字樓，並以自己回鄉證名字及號碼登記作為寫字樓的擁有人。

　　他在 2024 年初在香港律師面前立一遺囑（假設符合所有香港訂立遺囑的要求），其中列明在深圳的寫字樓，將由他在加拿大的兒子作為受益人。

　　假設 Peter 在 2024 年末因病在香港逝世。

根據《涉外民事關係法律適用法》第三十二條【遺囑方式】，符合遺囑人立遺囑時或者死亡時經常居所地法律、國籍國法律或者遺囑行為地法律的，遺囑均為成立。

Peter 立遺囑時的經常居所地為香港，另外 Peter 死亡時的經常居所地亦為香港，故此他在香港，按照香港的要求所立的遺囑（雖然包含了他在深圳的寫字樓部分）是有效的。（按：因為這個深圳寫字樓是在內地，所以房產證的名字轉至受益人的手續，則需要根據內地不動產登記中心的具體要求辦理。）（相關繼承手續見 2.5 節）

例子二

陳光明先生現年 77 歲，與張小莉女士結婚，育有兩個兒子，現年 48 歲及 45 歲。陳先生在北角、銅鑼灣和九龍城擁有 3 個單位。陳先生在中山亦有一個公寓單位。陳先生對大兒子有些不滿，他希望將北角、銅鑼灣單位和中山公寓留給妻子，將位於九龍城的單位留給幼子。

陳先生可按以下方式陳述其遺囑：

遺囑

　　本人是陳光明，持有香港身份證號碼 A789XXX（0），居住於香港北角英皇道 X 號 X 樓 X 室，於 2023 年 5 月 5 日訂立此遺囑，條款如下：

1. 我已經撤銷了我所有其他的遺囑、所有修訂遺囑及附件。這是我最後的遺囑。

2. 本人聲明本人為香港居民，本人的遺產將按照香港法律處理。

3. 我將委任香港身份證號碼 G830XXX（0）林雙賀先生及我太太香港身份證號碼 F456XXX（0）張小莉為本遺囑的執行人。

4. 我將位於北角英皇道 X 號 X 樓 X 室的單位及位於香港銅鑼灣英皇道 X 號 X 樓 X 室的單位，分別給予我太太香港身份證號碼 F456XXX（0）張小莉。位於香港九龍城候王廟道 X 號 X 樓 X 室的單位，給予香港身份證號碼 G675XXX（0）的幼子陳小明。

5. 我將位於中國廣東省中山市南區城南 X 路 XX 號 XX 公館 X 棟 14XX 房（粵 [2000] 中山市不動產權第 XXXXXX 號）的單位給予我太太香港身份證號碼 F456XXX（0）張小莉。

6. 我將我所有其他不動產及動產，於扣除所有債務及費用後，給予我太太香港身份證號碼 F456XXX（0）張小莉。

本遺囑立遺囑人陳光明
簽名：

遺囑的見證人
陳一鳴先生，香港身份證號碼 C345XXX（X）持有人
簽名：

張明智先生，香港身份證號碼 D678XXX（X）持有人
簽名：

2.5
有遺囑下的繼承權辦理手續

遺囑已有效擬備，並在立遺囑人去世之日生效，那麼如有遺產在深圳，後續該如何辦理繼承手續？根據 2023 年年底，我們走訪深圳羅湖區公證處，得知香港居民（死者）若有遺產在深圳，繼承人需辦理的手續如下：

❶ 繼承人先到香港的律師樓找「中國委託公證人」（一般是較具資歷的律師）辦理一份《親屬關係及遺囑狀況聲明書》。

「聲明書」內容大致如下（具體格式要求以香港的為准）：

（一）聲明人情況；

（二）死者情況（性別、出生及死亡時間、地點、身份證號碼等）；

（三）死者親屬情況（包括死者的配偶、父母、子女情況）；

（四）死者遺產情況（有遺囑）；

（五）死者的財產情況。

❷ 上述聲明書的副本經「中國法律服務公司」轉遞到深圳羅湖區公證處；所有繼承人帶齊本人的相關身份證明資料（護照、身份證、回鄉證、結婚證等），及上述文件的正本，以及被繼承人死亡證明、遺產

證明、經高等法院認證的遺囑檢認文書等，然後到上述深圳公證處辦理繼承權公證書。

被繼承人在內地哪一城市有財產或遺產，他的繼承人就需要到該城市的公證處辦理以上手續。

舉例，陳先生（*被繼承人*）在上海有一個公寓單位及在深圳有一寫字樓單位。在遺囑上陳先生把上海的公寓給予他的兒子，並把深圳的寫字樓單位給予他的女兒。

在陳先生離世後，他的兒子要在香港律師樓找「中國委託公證人」辦理一份《親屬關係及遺囑狀況聲明書》，專用於上海的公寓單位繼承權手續；他的女兒則需要在香港律師樓找「中國委託公證人」辦理另一份《親屬關係及遺囑狀況聲明書》，專用於深圳的寫字樓繼承權手續。

待上海公證處出具繼承權公證書後，陳先生的兒子即可拿繼承權公證書至上海不動產登記中心辦理上海公寓單位的繼承手續；待深圳公證處出具繼承權公證書後，陳先生的女兒就可拿繼承權公證書至深圳不動產登記中心辦理深圳寫字樓單位繼承的手續。

CHAPTER

第三章

THREE

無遺囑下的遺產處理

3.1
無遺囑下香港的遺產分配原則

第二章述說了有訂立遺囑的情況，然而，在香港，無遺囑下的資產將如何分配？

- 不動產（如房屋和別墅）和動產（如銀行現金和定期存款、股票和債券及珠寶和鑽石）的資產將如何分配？
- 資產是否受香港法律或其他司法管轄區的法律管轄？

在沒有遺囑的情況下，遺產中不同種類的資產可能受不同司法管轄區的法律管轄。對於那些不動產（例如住房和土地），其繼承通常受資產所在地的法律管轄，而不是離世者居住地的法律。例如，如果在內地擁有房屋和別墅，無論業主居住在香港還是內地，該房屋和別墅的繼承通常不受香港法律管轄，而是受內地的法律管轄。同樣，即使業主在內地居住多年，並在香港擁有房屋和別墅，該等房屋和別墅的繼承通常受香港法律管轄。

至於動產（例如銀行現金和定期存款、股票和債券及珠寶和鑽石）的繼承，通常受產權人去世時居住地的法律管轄。例如，如果經常居住在香港，無論珠寶是存放在內地還是香港，其繼承一般受香港法律管轄。（對於內地資產處理，讀者可參考本書 3.2 節，或建議諮詢內地律師／專業人士的意見。）

如果業主／產權人生前居住在香港，根據香港法律，可以立遺囑決定如何分配資產。一般來說，可以將資產留給親戚、朋友及／或慈善機構。

然而，如果沒有立遺囑，或者遺囑沒有涵蓋部分遺產，這些遺產將根據香港《無遺產者遺產條例》分配。以下簡介無遺囑資產方式分配：

❶ 配偶及子女尚存，不論父母或兄弟姐妹是否在世，尚存配偶可先收到以下物品：所有個人物品，如家具、服裝、配飾、車輛和剩餘資產中的 500,000 元。如果還剩下任何資產，那麼它們將被分成兩半。一半將給予尚存配偶，另一半將平等地給予其子女（*如果子女早已離世，則孫子／孫女平等地接收已離世子女的份額*）。而離世者的父母及兄弟姐妹將不獲分文。

❷ 只有尚存配偶，而沒有尚存的後代、尚存的父母和尚存的兄弟姐妹，那麼離世者的資產在扣除債務、稅款、喪葬、法律及其他費用後，將全部歸尚存配偶所有（*請注意，如果夫婦處於法定分居狀態，雙方將不被視為夫婦*）。

❸ 沒有留下子女和子孫而配偶以及父母或兄弟姐妹尚存，父母或兄弟姐妹也可能獲得遺產份額。規則是尚存的配偶將首先收到以下遺產：所有個人物品，例如家具、服裝、配飾、手袋、車輛和從剩餘遺產中扣除 100 萬元。其餘資產（如有）將分為兩半。一半將交給尚存配偶，另一半將平均分配給尚存的父母，兄弟姐妹則不獲分文；如果沒有尚存父母，則所有兄弟姐妹將平均分享其餘遺產的另一半。

❹ 如留下若干後代，但沒有尚存的配偶，則不論父母或兄弟姐妹是否尚存，所有資產在扣除債務、稅款、喪葬、法律及其他開支後，將按以下方式分配給後代，而尚存的父母及兄弟姐妹則不獲分文。

如子女尚存（未出生的胎兒也是子女），資產將平均分配給予子女，孫子女將不會獲得一分錢。但是，如果子女均不幸早逝，並留下了其子女，那麼其子女（即離世者的孫子女）將在平等的基礎上佔據已離世子女的份額。

但是，如果當中某子女早逝，也沒有留下其子女，那

麼該名早逝子女的份額將平均分配給另外尚存的子女。

例如，離世者有一筆總額為 $3,000,000 的遺產，並有兩名子女。如果大哥和妹妹尚存，他們每個人都將獲得 $1,500,000，他們的子女不獲分文。如果大哥早逝，留下兩名子女，那麼大哥的兩名子女將各獲得 $750,000（=$3,000,000/2/2）。如果大哥早逝，沒有留下子女，妹妹將拿走全部 $3,000,000。如果大哥和妹妹都早逝，大哥留下二名子女，細妹留下三名子女，那麼大哥的子女將各獲得 $750,000（=$1,500,000/2），妹妹的三名子女將各獲得 $500,000（= $1,500,000/3）。

另一方面，如果生前已經或即將給予一名子女（或多名子女）大量經濟支援，例如在其結婚時購買房屋，為其支付首期款項，這些款項可能會被視為遺產的一部分，並與其他資產一起平均分配給所有子女。例如，離世者留下 $5,000,000 的遺產，大哥和妹妹尚存。如果離世者生前給了大哥 $2,000,000 購買房屋，那麼大哥和妹妹將各自得到（$5,000,000〔遺產〕+$2,000,000〔大哥從離世者生前收到的大量經濟支援〕/ 2）= $3,500,000。

❺ 如果離世者的婚姻居所是資產的一部分，尚存配偶將享有優先權，並有權取得該居所以清償其在遺產中所佔的份額。但是，如果尚存配偶的份額不足以完全接收房屋，尚存配偶必須支付差額，然後才能接受該房屋。

在香港，夫婦二人的婚姻居所通常以長命契方式購買和擁有。長命契方式購買和擁有的含義是，**尚存的業權人將擁有房屋的所有產權**。

例如，一個人去世後留下他的妻子和兩個孩子，夫婦擁有一個價值 $12,000,000 的婚姻居所，離世者及其妻子以長命契方式擁有該婚姻居所，銀行現金 $3,000,000 和其他動產 $200,000。資產總價值為 $15,200,000（＝$12,000,000＋$3,000,000＋$200,000）。因為夫婦二人是以長命契方式擁有該婚姻居所，其妻子將獲得婚姻居所的全部擁有權。

離世者的妻子將獲得該婚姻居所，及先收到 $500,000，加上其餘遺產的 50%，即 $500,000＋（$3,000,000＋$200,000 - $500,000）/ 2 ＝ $1,850,000。

二名子女將各獲得 $675,000（＝$3,000,000 + $200,000 - $500,000) / 2 / 2。

❻ 離世者沒有留下配偶，離世者也沒有後代，離世者有尚存父母，兄弟姐妹尚存，在此情況下，扣除債務、稅款、喪葬、法律及其他開支後，資產將平均分配給離世者尚存的父母。如果沒有尚存父母，資產將平均分配給尚存的所有兄弟姐妹。如果沒有尚存的兄弟姐妹，則平均分配給同父異母的兄弟姐妹。如果沒有這樣的親屬，有祖父母尚存，資產將平均分配給祖父母。如果沒有以上尚存的親屬，資產將歸政府所有。（請注意，這種情況通常適用於單身且未婚而離世的人士。）

以上無遺囑資產分配規則的原則似乎很難理解。然而，我們應該明白，百多年來香港是英國的殖民地，這些無遺囑資產分配規則一直遵循英國人的家庭概念 —— 其家庭概念是指夫妻兩人及其子女。因此，當一個人離世時，家庭資產順理成章首先分配給尚存的**配偶**，然後分配給其**子女**；然後將其資產分配給死者尚存的**父母**而不是兄弟姐妹。如果沒有尚存的父母，則遺產才平均分配給離世者的**兄弟姐妹**。

領養子女和私生子女的權利

（一）依法領養子女的權利：

依法領養的子女享有與親生子女相同的繼承權，即他們與有親緣關係的子女一樣有權繼承父母的遺產。

（二）私生子女的權利：

如果非婚生子女的父母在 1993 年 6 月 19 日之後去世，其子女現在可以享有與婚生子女相同的繼承權。

* 參考《無遺囑者遺產條例》（第 73 章）香港法例

3.2
無遺囑下內地法定繼承的分配原則

在內地，法定繼承適用於沒有遺囑的情況（原則是先依照「被繼承人」〔即死者〕的個人意願分配其遺產，在沒有遺囑情況下再由法定繼承分配）。

繼承開始後，由第一順序繼承人繼承，第一順序繼承人不繼承或沒有第一順序繼承人繼承的，由第二順序繼承人繼承。

一、第一順序繼承人：

❶ 配偶；

❷ 子女（子女包括婚生子女、非婚生子女、養子女和有扶養關係的繼子女）；

❸ 父母（父母包括生父母、養父母和有扶養關係的繼父母）；

❹ 對公婆（老爺奶奶）或岳父母（外父外母），盡了主要贍養義務的喪偶兒媳（新抱）、喪偶女婿；

只要喪偶新抱對老爺奶奶、喪偶女婿對外父外母盡了主要贍養義務，不論他們是否再婚，應作第一順序繼承人。所謂盡了主要贍養義務是指對死者在生活經濟上提供主要扶助、供養。

❺ 前 4 項的代位繼承人：

死者有子女，但子女在死者死亡前已經去世（即白頭人送黑頭人），由死者的孫子女、外孫子女等代位繼承（只要求直系晚輩血親，對輩數沒有限制，曾孫、外曾孫等也可以）。

代位繼承是法定繼承中的一項重要制度，留意只適用於在法定繼承的情況，有遺囑情形下並不適用。

代位繼承示意圖

2023 年去世　陳大明（爺爺）

2020 年去世　陳小明（兒子）

陳明明（孫）

孫代位（兒子）繼承爺爺遺產

二、第二順序繼承權人：

❶ 兄弟姐妹；

包括同父母的兄弟姐妹、同父異母或者同母異父的
兄弟姐妹、養兄弟姐妹、有扶養關係的繼兄弟姐妹；

❷ 祖父母、外祖父母；

❸ 前兩項的代位繼承人：

如死者的兄弟姐妹的子女代位繼承的，為第二順位
法定繼承人（因為兄弟姐妹是第二順位）。

法定繼承例子一

　　2007 年 7 月 17 日，張勝（男）和李萍（女）結
婚。婚後，生育一子張利。從 2011 年 2 月起二人感
情不和，張勝前往廣州打工，並結識工友何清，二人自
2013 年 8 月開始同居，並生育一子張小時。

　　2016 年 2 月，張勝因病住院，於 3 月 1 日親筆書
寫一份遺囑稱：死後將自己的所有遺產留給何清，**但未
註明年月日**。

　　2017 年 1 月，張勝去世。

例子分析：

- 張勝遺囑沒有註明日期，**形式上無效**，所以依法定繼承分配。因此何清不能依照遺囑繼承張勝的遺產；
- 李萍（*配偶*）有權繼承張勝的遺產；
- 張利（*子女*）是張勝的第一順序的法定繼承人；
- 張小時能繼承張勝的遺產，因第一順序的子女包非婚生子女。
- 結論：張勝的遺產將由李萍、張利及張小時依照法定繼承的份額共同繼承。

法定繼承例子二

黃某有一子黃唯與一女黃美，黃某隨兒子黃唯共同生活。黃美與前夫有一子趙小星，黃美與盧某再婚後共同撫養盧某與前妻的兒子盧小東直至其成年。

2021 年 2 月 6 日黃美因車禍去世。緊接着黃某去世，留有 3 套房屋的遺產，但未立遺囑。

下列四人，對黃某 3 套房屋享有繼承權的是？*(本例參考 2021 年私法卷第 70 題)*

- 黃唯享有繼承權：第一順位子女；
- 趙小星享有繼承權：黃美為黃某子女，但先於黃某死亡，黃美親生兒子趙小星有權代位*(代替黃美)*繼承黃某的遺產；
- 盧小東沒有繼承權：繼子盧小東不屬於黃美直系血親，不能代位*(代替黃美)*繼承；
- 盧某沒有繼承權：例子未體現盧某對黃某有盡主要贍養義務。

附錄：《民法典》關於法定繼承的條文

第六編　繼承
第二章　法定繼承

第一千一百二十六條　繼承權男女平等。

第一千一百二十七條　遺產按照下列順序繼承：
（一）第一順序：配偶、子女、父母；
（二）第二順序：兄弟姐妹、祖父母、外祖父母。

繼承開始後，由第一順序繼承人繼承，第二順序繼承人不繼承；沒有第一順序繼承人繼承的，由第二順序繼承人繼承。

本編所稱子女，包括婚生子女、非婚生子女、養子女和有扶養關係的繼子女。

本編所稱父母，包括生父母、養父母和有扶養關係的繼父母。

本編所稱兄弟姐妹，包括同父母的兄弟姐妹、同父異母或者同母異父的兄弟姐妹、養兄弟姐妹、有扶養關係的繼兄弟姐妹。

第一千一百二十八條 被繼承人的子女先於被繼承人死亡的，由被繼承人的子女的直系晚輩血親代位繼承。

被繼承人的兄弟姐妹先於被繼承人死亡的，由被繼承人的兄弟姐妹的子女代位繼承。代位繼承人一般只能繼承被代位繼承人有權繼承的遺產份額。

第一千一百二十九條 喪偶兒媳對公婆，喪偶女婿對岳父母，盡了主要贍養義務的，作為第一順序繼承人。

第一千一百三十條 同一順序繼承人繼承遺產的份額，一般應當均等。

對生活有特殊困難又缺乏勞動能力的繼承人，分配遺產時，應當予以照顧。對被繼承人盡了主要扶養義務或者與被繼承人共同生活的繼承人，分配遺產時，可以多分。有扶養能力和有扶養條件的繼承人，不盡扶養義務的，分配遺產時，應當不分或者少分。繼承人協商同意的，也可以不均等。

第一千一百三十一條 對繼承人以外的依靠被繼承人扶養的人，或者繼承人以外的對被繼承人扶養較多的人，可以分給適當的遺產。

第一千一百三十四條 自書遺囑由遺囑人親筆書寫，簽名，註明年、月、日。

3.3

在內地遺下的動產 / 不動產是採用內地還是香港的遺產法？

前面章節所述法定繼承，指按照法律規定的繼承人範圍、繼承順序和遺產分配份額進行繼承的方式。

所以若一個香港居民在內地有存款（動產）及房產（不動產），若他在內地及香港均沒有訂立平安紙，當他逝世後，這些在內地的存款及不房產，將會採用內地還是香港的法律呢？

內地對於法定繼承採用區別制：即將遺產區分為動產和不動產，分別適用各自的法律，通常動產繼承適用被繼承人（即逝世者）的屬人法（本國法或住所地法），不動產繼承適用物之所在地法。

根據《涉外民事關係法律適用法》第三十一條：「法定繼承，適用被繼承人死亡時經常居所地法律，但不動產法定繼承，適用不動產所在地法律。」

以上討論可能比較複雜。我們使用一些香港人經常會遇到的例子作說明。

　　陳生及陳太均是香港居民，他們在上世紀七十年代於香港註冊結婚。他們有一兒子陳小明，1980 年在香港出生。

　　在 2020 年他們在中山買了一間別墅，其後經常在中山居住，只是大時大節才回港見家人。

　　中山的別墅以陳先生的名義登記。

　　陳生在深圳中國銀行有一個戶口，戶口上經常有數十萬人民幣。

　　近日陳生回港探親途中，在香港突然心臟病去世。

　　陳生在內地及香港均沒有訂立遺囑。

問題：在中山的別墅及在深圳的存款按哪一個地方（內地或是香港）的繼承法處理呢？

因香港屬於一國兩制下的特別行政區，所以香港居民在內地的遺產屬於一個涉外民事關係。陳生在世期間，他的經常居住地是在中山，根據《涉外民事關係法律適用法》第三十一條：「法定繼承，適用被繼承人死亡時經常居所地法律，但不動產法定繼承，適用不動產所在地法律。」

因陳生死亡時經常居住地在中山，故他在深圳中國銀行的存款是採用內地繼承法律。

而他的中山別墅因位處中國，所以亦採用內地的繼承法律。

(按：筆者建議如果香港居民在內地有重大資產，尤其是涉及婚姻存續期間購入的資產，最好預先簽一份夫妻財產協議〔不同於平安紙〕，以便決定萬一其中一方去世後在內地的資產適用的法律。)

3.4

夫妻財產關係

夫妻財產關係，指夫妻雙方對家庭財產的權利義務，包括婚姻對雙方婚前財產的效力、婚姻存續期間財產的歸屬、夫妻對財產的管理和處分、債務的負擔等。

根據《涉外民事關係法律適用法》第二十四條【夫妻財產關係】：「當事人可以協議選擇適用一方當事人經常居所地法律、國籍國法律或者主要財產所在地法律。當事人（即夫妻）沒有選擇的，適用共同經常居所地法律；沒有共同經常居所地的，適用共同國籍國法律。」對於夫妻財產關係，《涉外民事關係法律適用法》引入了意思自治原則，即夫婦可以協議選擇他們一方最密切地的法律（即經常居住地、國籍國，或主要財產所在地法律）。

舉例，若一對香港夫婦在婚姻存續期間購入中山一個物業，並且共同經常居住於中山，這物業以丈夫的個人名義登記。如果他們沒有一個對於這個中山單位的財產分配協議，則這個中山的單位屬於他夫婦的共同財產：就算單位登記為丈夫名下，實質上丈夫佔一半業權，太太亦佔另一半業權；若丈夫沒有訂立遺囑下逝世，按照內地的法定繼承，他的法定繼承人，亦只能繼承他所持有那一半單位的業權。

我們再看一個更複雜涉及兩個級別的法院而有不同判決的跨境遺產案例：

案例一

廣東省高級人民法院（2015）粵高法民一終字第 69 號

楊某 1、楊某 2 繼承糾紛二審民事判決書：

楊女士與張先生係夫妻關係，原居住於廣東汕頭，1996 年二人遷往香港居住，先後成為香港永久性居民。2004 年 6 月楊女士因病在汕頭市住院治療，直至 2005 年 7 月去世。

楊女士去世後，其父母向汕頭市中院提起訴訟，請求繼承楊女士的遺產。經法院查明，在楊女士和張先生婚姻關係存續期間，二人在廣東汕頭共有 12 處房產，其中 5 處房產於雙方定居香港前購買，7 處房產於定居香港後購買，均登記在張先生個人名下。

汕頭中院一審認為，不動產繼承應當適用不動產所在地法律，即適用內地法律，故認為 12 處房產均屬於夫妻共有財產，其中 50% 屬於楊女士的遺產，應由其繼承人繼承。

楊女士父母不服一審判決，提起上訴。二審期間，楊女士的父母也先後去世，二審法院變更上訴人為楊士父母的繼承人六人。

　　廣東高院二審認為，對於楊女士遺產範圍的確定，需要先對夫妻財產中是否包含楊女士的財產予以認定，關於夫妻財產關係的法律適用，應適用共同經常居所地法律。最終，二審法院改判移居香港之前取得的 5 套房產屬於夫妻共有財產，其中一半屬於楊女士的遺產範圍，由其法定繼承人繼承；移居香港之後取得的 7 套房產為張先生個人財產，不屬於夫妻共同財產，不屬於楊女士的遺產範圍。

廣東高院對此的裁判思路如下：
楊女士與張先生夫妻財產關係的法律適用：

《涉外民事關係法律適用法》第二十四條規定：「夫妻財產關係，當事人可以協議選擇適用一方當事人經常居所地法律、國籍國法律或者主要財產所在地法律。當事人沒有選擇的，適用共同經常居所地法律；沒有共同經常居所地的，適用共同國籍國法律。」本案中，楊女士

生前與張先生關於夫妻財產關係的法律適用沒有協議選擇，依據上述規定，應當適用共同經常居所地法律。廣東高院認為，楊女士和張先生的夫妻財產關係的共同經常居所地法律適用，應進一步根據二人居民身份的變化進行區分。

1996 年之前，兩人都是內地居民，經常居所地在內地，二人在此期間內取得的財產，應適用內地法律，認定為夫妻共同財產，故雙方在移居香港前取得的 5 套房產應為夫妻共同財產，其中 50% 屬於楊女士的遺產範圍，由其法定繼承人繼承。

1996 年開始二人共同居住於香港，並於 1997 年成為香港永久性居民，故從 1996 年開始香港成為二人的共同經常居所地，夫妻財產關係的准據法為香港法律。根據香港特別行政區《已婚者地位條例》第四條的規定：夫妻之間實行分別財產制，男女婚後擁有相同的對自己婚前和婚後財產所有權的能力和承擔債務的能力，即夫妻雙方婚前和婚後所得財產歸各自所有，並單獨行使管理權、收益權和處分權，但也不排斥妻子以契約形式將財

產的管理權交給丈夫或雙方擁有一部分共同財產。故，二人夫妻財產關係從 1996 年開始分別所有，楊女士對 1996 年後登記在張先生個人名下的不動產不享有權益。1996 年之後取得的房產不屬於楊女士的遺產，其父母無權繼承。

學習之處

從這一案例可以學習的是，在涉外或跨境的夫妻共有財產分割及後續遺產分配時，須按以下順序考慮問題 (讀者可參閱第五章的五個案例分析，以便更能了解怎樣順序考慮這些問題)：

夫婦預先達成的財產協議 →《涉外民事關係法律適用法》第 24 條 →《涉外民事關係法律適用法》第 31 條

因此，為避免糾紛，最有效的方法就是當事人之間預先達成協議，對於婚姻關係存續期間的財產歸屬以及財產關係的法律適用。

例子二

　　陳生及陳太均是香港居民，他們在上世紀七十年代於香港註冊結婚。他們有一兒子陳小明，1980 年在香港出生。

　　在 2020 年他們在中山買了一間別墅，陳生及陳太都是在他們香港的房屋居住，只是間中一個月大約到中山別墅度假兩三天。

　　中山的別墅以陳先生的名義登記。

　　陳生在深圳中國銀行有一個戶口，戶口上經常有數十萬人民幣。

　　近日陳生回港探親途中，在香港突然心臟病去世。

　　陳生在內地及香港均沒有訂立遺囑。

問題： 在中山的別墅及在深圳的存款按哪一個地方（內地或是香港）的繼承法處理呢？

因香港屬於一國兩制下的特別行政區，所以香港居民在內地的遺產屬於一個涉外民事關係。因為陳生陳太在生前沒有簽訂夫妻財產協議，故根據《涉外民事關係法律

適用法》第二十四條，當事人（即夫妻）沒有選擇的，適用共同經常居所地法律（即香港法律）。

因陳生死亡時的經常居住地在香港，故他在深圳中國銀行的存款是採用**香港繼承法律**。

而他的中山別墅雖位處內地，但陳生死亡時經常居住地在香港，陳生及陳太均是香港居民，他們於七十年代在香港註冊結婚。而且陳生陳太在生前沒有簽訂夫妻財產協議，故根據《涉外民事關係法律適用法》第二十四條，當事人*（即夫妻）*沒有選擇的，適用共同經常居所地法律*（即香港法律）*。

3.5
沒遺囑下的繼承權辦理手續

如存在以下三種情形：

一、被繼承人沒有訂立遺囑；

二、雖訂立遺囑，但經檢定被認定為無效；

三、涉及到遺囑沒有涵蓋的遺產部分。

則應按前述的法定繼承（沒遺囑情況下）的原則分配。

至於實際手續，我們以香港居民在深圳留有遺產的財產繼承公證流程為例，以說明手續：

❶ 由被繼承人的父母、子女及配偶先行商定：由誰繼承、誰放棄繼承或者全部法定繼承人皆繼承。

❷ 在香港律師樓找「中國委託公證人」（一般是比較有資歷的律師）辦理《親屬關係及遺囑狀況聲明書》及《放棄繼承遺產聲明書》（《放棄繼承權聲明書》可在內地公證處辦理公證，但《親屬關係及遺囑狀況聲明書》仍然需要找香港之「中國委託公證人」辦理）。
另外要說明一點，這聲明書只說明死者在香港有否遺囑及有關各個繼承人等的親屬關係；聲明書內不會說明有關分配原則及每個繼承人的分配份額等等。
聲明書內容大致如下（具體格式要求以香港的為准）：

（一） 聲明人情況；

（二） 死者情況（*性別、出生及死亡時間、地點、身份證號碼等*）；

（三） 死者親屬情況（*包括死者的配偶、父母、子女情況*）；

（四） 死者的財產情況。

❸ 上述聲明書的副本經「中國法律服務公司」進行審核、加章及轉遞到深圳公證處；所有繼承人帶齊本人的相關身份證明資料（*護照、身份證、回鄉證、結婚證等*），及上述文件的正本、被繼承人死亡證明、遺產證明等，然後到深圳公證處辦理繼承權公證書。

❹ 待深圳公證處出具繼承權公證書後，繼承人即可拿繼承權公證書至深圳不動產登記中心辦理房產證過戶（*更改房產證之產權人名證*），或在銀行辦理存款繼承手續。（*這個例子以死者的財產在深圳為例，如果死者的財產是在中山，則有關香港的聲明書要轉遞中山公證處及在中山公證處辦理繼承權公證。*）

假設死者的財產有一個住宅單位在中山，另一住宅單位在深圳，則以上的聲明書分別要轉遞中山及深圳公證處，及分別在這兩個城市辦理繼承權公證手續。

　　陳伯妻子多年前已逝世。他有兩個兒子均是在香港出世。

　　他退休後在中山買了一個住宅單位。

　　他長期住在中山,後來因病回香港就醫,期間在香港醫院逝世。

　　他沒立任何遺囑,在香港亦沒有其他資產。

問題:他兩個兒子怎樣承辦他中山物業的遺產手續呢?

陳伯去世後,陳伯兩個兒子需先在香港律師樓 *(具「中國委託公證人」資格)* 辦理《親屬關係及遺囑狀況聲明書》,再由以上香港律師樓將該聲明書的副本 *(正本交給當事人)* 轉遞到中山公證處。然後,所有繼承人帶齊身份證明資料及聲明書正本、被繼承人死亡證明、遺產證明等在中山公證處辦理繼承權公證書。繼承權公證書拿到後,陳伯兩個兒子帶着身份證明文件及繼承權公證書在中山不動產登記中心當場辦理房產繼承手續 *(即:更改房產證之產權人名為陳伯兩個兒子)*。

CHAPTER
第四章
FOUR

生前預先處理資產

4.1
生前轉讓 / 送贈 / 出售資產

生前轉讓 / 送贈資產予親屬

在第二章我們比對了有遺囑下去處理香港人在內地的資產。這一章我們將探討除了在生前立遺囑,尚可以用甚麼方法去處理香港人在內地的資產。

一般的方法是:生前出售資產、送贈予親屬、出售資產予第三者套現(但稅費問題是重要考慮因素)或在香港設立信託(以持有內地資產)。*(有關以上產生的各項稅費,請見 96 頁起的「二手房交易稅費表」。)*

本節先說明與直系親屬有關的各項比對撮要 *(直系親屬是指配偶、父母、子女、祖父母、外祖父母、孫子女、外孫子女、兄弟姐妹間的轉讓)*,現舉案例如下:

假設陳平 2008 年購入一個 80 平方米的物業,成本價是 500,000 元,2024 年的市場價是 3,000,000 元 *(為了表達同一個價格賣給不同類別包括直系親屬、普通親屬及第三者的稅務支出,所以我們假設所有賣給不同類別的人仍是按原價平手 500,000 元賣出)*,以說明各項稅費:

一、假設此為住宅單位，陳平於 2024 年以平手價轉讓住宅予直系親屬：

由於「滿五唯一」政策（個人持有住宅滿 5 年，並且是唯一住宅）（陳先生在 2008 年購入，2024 年賣出，持有超過 5 年，且是唯一住宅），增值稅為 0，並且直系親屬之間轉讓可以平手轉，也沒有產生增值部分，所以不用繳納增值稅。增值稅為 0，那麼相應的城建稅及教育費附加也是 0（因為城建稅及教育費附加的納稅依據是增值稅）。

印花稅為 0，因為個人轉讓住宅免徵印花稅。

土地增值稅也是 0，因為原價平手轉讓，所以增值額為 0。

個人所得稅為 0，因為可以享受滿五唯一政策。

作為買方，印花稅依然可以免徵。

契稅的稅率為 1%，個人購買 90 方及以下、家庭唯一住房契稅稅率是 1%，轉讓價格可按照成本價 500,000 元計稅，所以契稅為 5,000 元。

整個計劃（以平手價轉讓住宅與直系親屬）的總共稅費為 5,000 人民幣。

二、假設此為公寓單位，陳平於 2024 年以平手價轉讓公寓與直系親屬：

公寓不能享受滿五唯一政策，但是直系親屬之間轉讓可以平手價轉，沒有產生增值部分，所以不用繳納增值稅。增值稅為 0，那麼相應的城建稅及教育費附加也是 0。

公寓轉讓的印花稅稅率為 0.05%，轉讓價格按照成本價 500,000 元計稅，所以印花稅為 250 元，轉讓雙方都需要繳納印花稅。

土地增值稅也是 0，因為原價平手轉讓，所以增值額為 0。

個人所得稅為 0，因為直系親屬之間轉讓可以平手轉，沒有產生增值部分，所以不用繳納個人所得稅。

作為買方需要繳納 250 元印花稅。

買方還需要繳納**契稅**，公寓的契稅是 3%，轉讓價格按照成本價 500,000 元計稅，所以契稅為 15,000 元。

整個計劃（*以平手價轉讓公寓與直系親屬*）的總共稅費為 15,500 人民幣。

三、假設此為住宅單位，陳平於 2024 年無償贈予直系親屬：

無償贈予配偶、父母、子女、祖父母、外祖父母、孫子女、外孫子女、兄弟姐妹的，免徵增值稅，所以增值稅為 0，那麼相應的城建稅及教育費附加也是 0。

印花稅稅率為 0.05%，轉讓價格按照成本價 500,000 元計稅，所以印花稅為 250 元，贈予受雙方都需要繳納印花稅。

土地增值稅是 0，因為無償贈予，所以增值額為 0。

作為贈予方個人所得稅免徵，無償贈予配偶、父母、子女、祖父母、外祖父母、孫子女、外孫子女、兄弟姐妹

的贈予受雙方免徵個人所得稅。同理受贈方也免徵個人所得稅。

受贈方印花稅為 250 元。契稅稅率是 3%，雖然贈予的是 90 平米以下的唯一住宅，但是贈予的契稅統一為 3%，所以契稅為 15,000 元。

整個計劃（住宅單位無償贈予直系親屬）的總共稅費為 15,500 人民幣。

生前預先出售資產予第三者（套現）

四、假設此為住宅單位，陳平於 2024 年平手價轉讓至第三者：

由於滿五唯一政策（個人持有住宅滿 5 年，並且是唯一住宅）（陳先生在 2008 年購入，2024 年賣出，持有超過 5 年，且是唯一住宅），增值稅為 0，那麼相應的城建稅及教育費附加也是 0。

印花稅為 0，因為個人轉讓住宅免徵印花稅。

土地增值稅也是 0，因為原價平手轉讓，所以增值額為 0。

個人所得稅為 0，因為可以享受滿五唯一政策。

印花稅依然可以免徵。

契稅的稅率為 1%，個人購買 90 方及以下、家庭唯一住房契稅稅率是 1%，雖然按原價平手 500,000 元賣出至第三者，但契稅按市場價 3,000,000 元計算，契稅率為 1%。所以契稅為 30,000 元。

整個計劃（以平手價轉讓住宅與第三者）的總共稅費為 30,000 人民幣。

五、假設此為公寓單位，陳平於 2024 年平手價轉讓至第三者：

公寓不能享受滿五唯一政策，增值稅稅率為 5%，增值稅按市場價 3,000,000 元計算，所以增值稅為 125,000 元。城建稅為 8,750 元，教育費附加為 3,750 元，地方教育費附加為 2,500 元。

印花稅稅率為 0.05%，按市場價 3,000,000 元計算印花稅，印花稅為 1,500 元。

土地增值稅也是 0，因為原價平手轉讓，所以增值額為 0。

公寓不能享受滿五唯一政策，**個人所得稅**稅率為 20%，按市場價 3,000,000 元計算個人所得稅，由於購入價 500,000 可以抵扣，所以個人所得稅為 500,000 元！

購買方印花稅是 1500 元。

契稅稅率 3%，轉讓價格為市場價 3,000,000 元，即契稅為 90,000 元。

整個計劃（以平手價轉讓公寓與第三者）的總共稅費為 **733,000 人民幣！**（因為公寓屬於商業性質的房產，所以基本上全部稅費都沒有豁免。尤其是就算以平手價出售公寓與第三者，但仍然需要按市場價計算個人所得稅，所以若公寓升值很多，將公寓出售與第三者將會有大額的稅費。）

陳平於 2008 年以 50 萬元購入一個深圳的 80 平方米住宅，現市場價為 300 萬元，這個住宅是陳平的唯一住宅。假設陳平於 2024 年以平手價賣出以下不同人士，包括：第三方、直系親屬和普通親屬。

二手房交易稅費表

交易方	稅種	定義	計稅依據	稅率
賣方	增值稅	增值稅是以商品（含應稅勞務）在流轉過程中產生的增值額作為計稅依據而徵收的一個稅種	房產轉讓價格	5%
	城建稅	是以納稅人實際繳納的增值稅為計稅依據的一個稅種	增值稅稅額	7%
	教育費附加	是以納稅人實際繳納的增值稅為計稅依據的一個稅種	增值稅稅額	3%
	地方教育附加	是以納稅人實際繳納的增值稅為計稅依據的一個稅種	增值稅稅額	2%
	印花稅	是對在經濟活動和經濟交往中書立、領受具有法律效力的憑證的行為徵收的一種稅	房產轉讓價格	0.05%
	土地增值稅	土地增值稅是對在中國境內轉讓國有土地使用權、地上建築物及其附着物的單位和個人，以其轉讓房地產所取得的增值額為課稅對象而徵收的一種稅	增值	30%-60 （詳見頁 111
	個人所得稅	是國家對本國公民、居住在本國境內的個人的所得和境外個人來源於本國的所得徵收的一種所得稅	應納稅所得額（轉讓財產收入-財產原值-合理費用）	20%
買方	印花稅	是對在經濟活動和經濟交往中書立、領受具有法律效力的憑證的行為徵收的一種稅	房產轉讓價格	0.05%
	契稅	是對在經濟活動和經濟交往中書立、領受具有法律效力的憑證的行為徵收的一種稅	房產轉讓價格	1% （90 平以下
合計				

稅基礎價格	計稅公式	免徵情形	計算結果
,000,000 （市場價）	房產轉讓價格 ×5%	滿五唯一（個人持有住宅滿五年，並且是唯一住宅）（陳先生在 2008 年購入，2024 年賣出，持有超過五年，且是唯一住宅）	0
0	增值稅稅額 ×7%	因為計算出來的增值稅為 0	0
0	增值稅稅額 ×3%	因為計算出來的增值稅為 0	0
0	增值稅稅額 ×2%	因為計算出來的增值稅為 0	0
3,000,000 （市場價）	房產轉讓價格 ×0.05%	個人銷售住宅免稅	0
為平手轉讓， 以增值額為 0	增值額 × 適用稅率－扣除項目金額 × 速算扣除系數	因為平手轉讓，所以增值額為 0	0
3,000,000 （市場價）	應納稅所得額 × 稅率	滿五唯一（個人持有住宅滿五年，並且是唯一住宅）（陳先生 08 年購入，2024 年賣出，持有超過五年，且是唯一住宅）	0
3,000,000 （市場價）	房產轉讓價格 ×0.05%	因為平手轉讓，所以增值額為 0	0
3,000,000 （市場價）	轉讓房地產收入 × 稅率	1%（90 平以下）	30,000
			30,000

標準計算（獨立第三方）

（後頁續）

交易方	稅種	直系親屬		計算
		計稅基礎價格	計稅公式	
賣方	增值稅	直系親屬之間的轉讓免徵增值稅（詳情參考此行備註）	轉讓房地產全額收入 ×5%	0
	城建稅	因為計算出來的增值稅為 0	增值稅稅額 ×7%	0
	教育費附加	因為計算出來的增值稅為 0	增值稅稅額 ×3%	0
	地方教育附加	因為計算出來的增值稅為 0	增值稅稅額 ×2%	0
	印花稅	個人銷售住宅免稅	/	0
	土地增值稅	因為平手轉讓，所以增值額為 0	0	0
	個人所得稅	直系親屬之間的轉讓免徵個人所得稅（詳情參考此行備註）	應納稅所得額 × 稅率	0
買方	印花稅	因為平手轉讓，所以增值額為 0	/	0
	契稅	50,0000（成本價）	轉讓房地產收入 × 稅率	5,00
合計				5,00

普通親屬		備註
計稅基礎價格	計算結果	
唯一（個人持有住宅 年，並且是唯一住宅） 先生在 2008 年購入， 4 年賣出，持有超過五 且是唯一住宅）	0	無償贈予配偶、父母、子女、祖父母、外祖父母、孫子女、外孫子女、兄弟姐妹；無償贈予對其承擔直接撫養或者贍養義務的撫養人或者贍養人；房屋產權所有人死亡，法定繼承人、遺囑繼承人或者受遺贈人依法取得房屋產權。上述情形免徵增值稅。
計算出來的增值稅為 0	0	
計算出來的增值稅為 0	0	
計算出來的增值稅為 0	0	
銷售住宅免稅	0	
為平手轉讓，所以增值 為 0	0	稅收優惠 —— 土地增值稅： ❶ 建造普通標準住宅出售，增值額未超過扣除項目金額 20% 的，免稅。 ❷ 因國家建設需要依法徵用、收回的房地產，免徵土地增值稅。 ❸ 因城市實施規劃、國家建設的需要而搬遷，由納稅人自行轉讓原房地產的，免徵土地增值稅。 ❹ 對企業事業單位、社會團體以及其他組織轉讓舊房作為改造安置住房或公租房房源，且增值額未超過扣除項目金額 20% 的，免稅。
唯一（個人持有住宅 年，並且是唯一住宅） 先生在 2008 年購入， 24 年賣出，持有超過五 且是唯一住宅）	0	❶ 不能提供完整、準確的房屋原值憑證，不能正確計算房屋原值和應納稅額的，核定徵收其個人所得稅。 ❷ 拍賣房產核定徵收率為 3%。
為平手轉讓，所以增值 為 0	0	
000,000（市場價）	30,000	❶ 個人購買 90 方及以下、家庭唯一住房及第二套的，按 1% 徵收； ❷ 個人購買 90 方以上家庭唯一住房的，按 1.5% 徵收； ❸ 個人購買超過 90 方以上、家庭第二套，按 2% 徵收。
	30,000	

陳平於 2008 年 50 萬元購入一個深圳的 80 平方米公寓,現市場價為 300 萬元,假設陳平於 2024 年以平手價賣出以下不同人士。

二手房交易稅費表

交易方	稅種	定義	計稅依據	稅率
賣方	增值稅	增值稅是以商品(含應稅勞務)在流轉過程中產生的增值額作為計稅依據而徵收的一個稅種	房產轉讓價格	5%
	城建稅	是以納稅人實際繳納的增值稅為計稅依據的一個稅種	增值稅稅額	7%
	教育費附加	是以納稅人實際繳納的增值稅為計稅依據的一個稅種	增值稅稅額	3%
	地方教育附加	是以納稅人實際繳納的增值稅為計稅依據的一個稅種	增值稅稅額	2%
	印花稅	是對在經濟活動和經濟交往中書立、領受具有法律效力的憑證的行為徵收的一種稅	房產轉讓價格	0.05%
	土地增值稅	土地增值稅是對在中國境內轉讓國有土地使用權、地上建築物及其附著物的單位和個人,以其轉讓房地產所取得的增值額為課稅對象而徵收的一種稅	增值	30%-60%(詳見以下附
	個人所得稅	是國家對本國公民、居住在本國境內的個人的所得和境外個人來源於本國的所得徵收的一種所得稅	應納稅所得額(轉讓財產收入 - 財產原值 - 合理費用)	20%
買方	印花稅	是對在經濟活動和經濟交往中書立、領受具有法律效力的憑證的行為徵收的一種稅	房產轉讓價格	0.05%
	契稅	是對在經濟活動和經濟交往中書立、領受具有法律效力的憑證的行為徵收的一種稅	房產轉讓價格	3%
合計				

標準計算（獨立第三方）			
計稅基礎價格	計稅公式	免徵情形	計算結果
3,000,000（市場價）	房產轉讓價格 ×5%	公寓不符合滿五唯一	125,000
125,000	增值稅稅額 ×7%	無	8,750
	增值稅稅額 ×3%		3,750
	增值稅稅額 ×2%		2,500
3,000,000（市場價）	房產轉讓價 ×0.05%	無	1,500
因為平手轉讓，所以增值額為 0	增值額 × 適用稅率－扣除項目金額 × 速算扣除系數	无	0
3,000,000（市場價）	應納稅所得額 × 稅率	公寓不符合滿五唯一	500,000
3,000,000（市場價）	房產轉讓價 ×0.05%	個人銷售住宅免稅	1,500
3,000,000（市場價）	轉讓房地產收入 × 稅率	公寓契稅為 3%	90,000
			733,000

（後頁續）

（續前頁）

交易方	稅種	直系親屬		普通親屬
		計稅基礎價格	計算結果	計稅基礎價格
賣方	增值稅	直系親屬之間可以平手轉讓，沒有產生增值稅	0	3,000,00（市場價
	城建稅	因為計算出來的增值稅為 0	0	125,000
	教育費附加	因為計算出來的增值稅為 0	0	125,000
	地方教育附加	因為計算出來的增值稅為 0	0	125,000
	印花稅	500,000（成本價）	250	3,000,000（市場價）
	土地增值稅	因為平手轉讓，所以增值額為 0	0	因為平手轉讓所以增值額
	個人所得稅	直系親屬之間可以平手轉讓，沒有產生增值稅	0	3,000,000（市場價）
買方	印花稅	500,000（成本價）	250	3
	契稅	500,000（成本價）	15,000	3,000,000（市場價）
合計			15,500	

計算結果	備註
125,000	公寓不享受增值稅滿五唯一免稅政策。
8,750	公寓不享受增值稅滿五唯一免稅政策。
3,750	公寓不享受增值稅滿五唯一免稅政策。
2,500	公寓不享受增值稅滿五唯一免稅政策。
1,500	公寓轉手需要繳納印花稅。
0	稅收優惠 —— 土地增值稅： ❶ 建造普通標準住宅出售，增值額未超過扣除項目金額 20%的，免稅。 ❷ 因國家建設需要依法徵用、收回的房地產，免徵土地增值稅。 ❸ 因城市實施規劃、國家建設的需要而搬遷，由納稅人自行轉讓原房地產的，免徵土地增值稅。 ❹ 對企事業單位、社會團體以及其他組織轉讓舊房作為改造安置住房或公租房房源，且增值額未超過扣除項目金額 20% 的，免稅。
500,000	公寓不享受增值稅滿五唯一免稅政策。
1,500	公寓轉手需要繳納印花稅。
90,000	公寓契稅為 3%
733,000	

陳平於 2008 年以 50 萬元購入一個深圳的 80 平方米住宅，現市場價為 300 萬元，這個住宅是陳平的唯一住宅，假設陳平於 2024 年贈予以下不同人士。

二手房交易稅費表

交易方	稅種	定義	計稅依據	稅率
賣方（贈予方）	增值稅	增值稅是以商品（含應稅勞務）在流轉過程中產生的增值額作為計稅依據而徵收的一個稅種	房產轉讓價格	5%
	城建稅	是以納稅人實際繳納的增值稅為計稅依據的一個稅種	增值稅稅額	7%
	教育費附加	是以納稅人實際繳納的增值稅為計稅依據的一個稅種	增值稅稅額	3%
	地方教育附加	是以納稅人實際繳納的增值稅為計稅依據的一個稅種	增值稅稅額	2%
	印花稅	是對在經濟活動和經濟交往中書立、領受具有法律效力的憑證的行為徵收的一種稅	房產轉讓價格	0.05%
	土地增值稅	土地增值稅是對在我國境內轉讓國有土地使用權、地上建築物及其附著物的單位和個人，以其轉讓房地產所取得的增值額為課稅對象而徵收的一種稅	增值	30%-60%（詳見以下附
	個人所得稅	是國家對本國公民、居住在本國境內的個人的所得和境外個人來源於本國的所得徵收的一種所得稅	應納稅所得額（轉讓財產收入 - 財產原值 - 合理費用）	20%
買方（受贈方）	個人所得稅	是國家對本國公民、居住在本國境內的個人的所得和境外個人來源於本國的所得徵收的一種所得稅	應納稅所得額（轉讓財產收入 - 財產原值 - 合理費用）	20%
	印花稅	是對在經濟活動和經濟交往中書立、領受具有法律效力的憑證的行為徵收的一種稅	房產轉讓價格	0.05%
	契稅	是指不動產（土地、房屋）產權發生轉移變動時，就當事人所訂契約按產價的一定比例向新業主（產權承受人）徵收的一次性稅收	房產轉讓價格	3%
合計				

		標準計算（獨立第三方）	
稅基礎價格	計稅公式	免徵情形	計算結果
000,000（市場價）	房產轉讓價格 ×5%	滿五唯一（個人持有住宅滿五年，並且是唯一住宅）（陳先生在 2008 年購入，2024 年賣出，持有超過五年，且是唯一住宅）	0
0	增值稅稅額 ×7%	因為計算出來的增值稅為 0	0
0	增值稅稅額 ×3%	因為計算出來的增值稅為 0	0
0	增值稅稅額 ×2%	因為計算出來的增值稅為 0	0
,000,000（市場價）	房產轉讓價格 ×0.05%	無	1,500
平手轉讓，增值額為 0	增值額 × 適用稅率 － 扣除項目金額 × 速算扣除係數	因為平手轉讓，所以增值額為 0	0
3,000,000（市場價）	應納稅所得額 × 稅率	滿五唯一（個人持有住宅滿五年，並且是唯一住宅）（陳先生在 2008 年購入，2024 年賣出，持有超過五年，且是唯一住宅）	0
3,000,000（市場價）	應納稅所得額 × 稅率	受贈方（除直系親屬）因無償受贈房產取得的受贈所得，按照 20% 稅率，繳納個人所得稅。	600,000
3,000,000（市場價）	房產轉讓價格 ×0.05%	無	1,500
3,000,000（市場價）	轉讓房地產收入 × 稅率	贈予契稅為 3%	90,000
			693,000

（後頁續）

交易方	稅種	直系親屬		計稅基礎價格
		計稅基礎價格	計算結果	
賣方（贈予方）	增值稅	直系親屬之間的無償贈予免徵增值稅（詳情查看此行備註）	0	滿五唯一（個人持〔有〕宅滿五年，並且是〔唯一〕住宅）（陳先生 08〔年購〕入，2024 年賣出〔，持〕有超過五年，且是〔唯一〕住宅）
	城建稅	因為計算出來的增值稅為 0	0	因為計算出來的增〔值稅〕為 0
	教育費附加	因為計算出來的增值稅為 0	0	因為計算出來的增〔值稅〕為 0
	地方教育附加	因為計算出來的增值稅為 0	0	因為計算出來的增〔值稅〕為 0
	印花稅	500000（成本價）	250	3000,000（市場價〔）
	土地增值稅	因為平手轉讓，所以增值額為 0	0	因為平手轉讓，所以〔增〕值額為 0
	個人所得稅	直系親屬之間的無償贈予免徵個人所得稅（詳情查看此行備註）	0	滿五唯一（個人持有〔住〕宅滿五年，並且是唯〔一〕住宅）（陳先生 08 年〔購〕入，2024 年賣出，〔持〕有超過五年，且是唯〔一〕住宅）
買方（受贈方）	個人所得稅	直系親屬之間的無償贈予免徵個人所得稅（詳情查看此行備註）	0	受贈方（除直系親屬〕因無償受贈房產取得〔了〕受贈所得，按照 20%〔稅〕率，繳納個人所得稅
	印花稅	500,000（成本價）	250	3,000,000（市場價）
	契稅	500,000（成本價）	15,000	3,000,000（市場價）
合計			15,500	

算結果	備註
0	無償贈予配偶、父母、子女、祖父母、外祖父母、孫子女、外孫子女、兄弟姐妹；無償贈予對其承擔直接撫養或者贍養義務的撫養人或者贍養人；房屋產權所有人死亡，法定繼承人、遺囑繼承人或者受遺贈人依法取得房屋產權。上述情形免徵增值稅。
0	
0	
0	
1,500	
0	
0	無償贈予配偶、父母、子女、祖父母、外祖父母、孫子女、外孫子女、兄弟姐妹；無償贈予對其承擔直接撫養或者贍養義務的撫養人或者贍養人；房屋產權所有人死亡，法定繼承人、遺囑繼承人或者受遺贈人依法取得房屋產權。上述情形免徵個人所得稅。以上情況的房產權無償贈予，對雙方當事人不徵收個人所得稅；除了贈予者把房產無償贈予第三者，贈予者不用繳納個人所得稅，但受贈方要繳納個人所得稅。
500,000	無償贈予配偶、父母、子女、祖父母、外祖父母、孫子女、外孫子女、兄弟姐妹；無償贈予對其承擔直接撫養或者贍養義務的撫養人或者贍養人；房屋產權所有人死亡，法定繼承人、遺囑繼承人或者受遺贈人依法取得房屋產權。上述情形免徵個人所得稅。受贈方（除直系親屬）因無償受贈房產取得的受贈所得，按照 20% 稅率，繳納個人所得稅。
1,500	
90,000	贈予契稅為 3%
693,000	

特別說明：

❶ 為了表達同一個價格賣給不同類別人士，包括直系親屬、普通親屬及第三者的稅務支出，所以我們假設所有賣給不同類別的人仍是按原價平手 500,000 元賣出。

若不是以平手價出讓，則需要計算土地增值稅的稅率，算式如下：

土地增值稅累進稅率表		
級數	增值額與超過扣除項目金額的比率	適用稅率
1	不超過 50% 的部分	30%
2	50% 至 不超過 100% 的部分	40%
3	100% 至 不超過 200% 的部分	50%
4	200% 起的部分	60%

根據《中華人民共和國土地增值稅暫行條例》實施細則第十二條，在特定的條件下個人轉讓住房經當地稅局同意，有可能取得豁免或減半徵收土地增值稅：

個人因工作調動或改善居住條件而轉讓原自用住房，經向稅務機關申報核准，凡居住滿五年或五年以上的，免予

徵收土地增值稅；居住滿三年未滿五年的，減半徵收土
地增值稅。居住未滿三年的，按規定計徵土地增值稅。

而在部分城市，稅局亦可以按核定利潤的方法去徵收土
地增值稅，但這視乎個別稅局最後決定。

核定利潤方法，是指稅局不再查察土地增值的證明文
件，直接用出讓收入作為計算土地增值稅的基準方法。

例如在深圳，根據我們 2023 年 12 月在深圳市不動產
登記中心取得的文件顯示，深圳市個人銷售住房暫免徵
收土地增值稅（2023 年資料）；稅局亦可以決定利用核
定利潤方法去徵收土地增值稅：商舖、寫字樓及酒店為
10%，其他非住宅類房產為 5%。

❷ 個人所得稅通常按照核實徵收（20%）交稅，但是滿
足條件的納稅人（*不能提供合法有效的房屋購買合
同，和構成房屋原值相關憑證，或不能提供合理費
用相關憑證的，不能正確計算房屋原值和合理費用
的將採取核定徵收方式徵收個人所得稅*），稅務局可
以按照核定徵收收個人所得稅。

以深圳為例，深圳市個人住房轉讓個人所得稅核定徵收率標準為：普通住房為 1%，非普通住房或非住宅類房產為 1.5%，拍賣房為 3%。

選取何種方式核實徵收 20% 或核定徵收 1%/1.5%/3%，最終以稅務局審批為准，並且不是每一個城市都有核定徵收的辦法。

通過前頁三個「二手房交易稅費表」，可以看出無論是住宅還是公寓，抑或是無償贈予，**直系親屬（配偶、父母、子女、祖父母、外祖父母、孫子女、外孫子女、兄弟姐妹）間的轉讓都是成本最低的（**除了要繳交契稅以外**）**。至於出售予第三者套現，基本上就要繳納我們所附稅費表上各項稅費；有關各地城市是否會有當地的特殊優惠，則需向當地稅局查詢。

4.2

生前在香港成立信託

除了立遺囑（平安紙），亦可以將資產放入信託之內。
以下簡單描述信託的基本概念及好處。

信託（Trust）是成立人（Settlor）與受託人（Trustee）
之間的一種私人法律協議；成立人與受託人訂立信託
契約（Trust Deed）。信託契約內會註明誰為受益人
（Beneficiaries）（*例如成立人自己，其配偶和子女*）。

信託成立

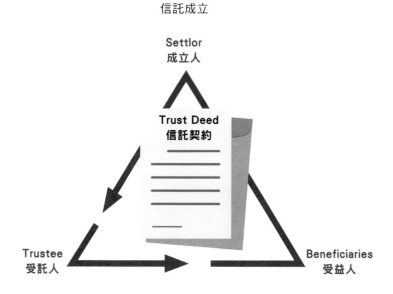

成立人將資產的法定擁有權（Legal Ownership）轉讓給
受託人。受託人按照信託契約內所述條文，為受益人持
有和管理信託資產。

法定擁有權

成立人生前會訂立意願書（Letter of Wishes）。當成立
人身故後，受託人會參照意願書內的指引去處理和分配
信託資產。

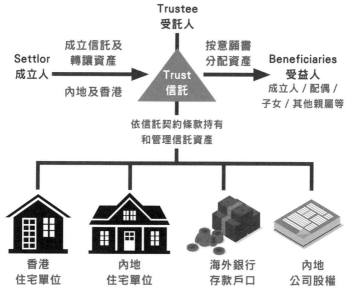

訂立意願書

Trustee
受託人

Settlor
成立人
成立信託及
轉讓資產
內地及香港

Trust
信託

按意願書
分配資產

Beneficiaries
受益人
成立人 / 配偶 /
子女 / 其他親屬等

依信託契約條款持有
和管理信託資產

香港
住宅單位

內地
住宅單位

海外銀行
存款戶口

內地
公司股權

信託跟遺囑比較的好處

❶ 如果遺產眾多，遺產的承辦期間凍結需時；而信託
不受遺產凍結。

❷ 信託契約並非公開的記錄，信託資產由受託人的名
義持有，成立人及受益人的資料均受高度保密；而遺
產資料則可以讓人公開查閱。

❸ 信託契約可將資產收入分配予在生配偶，資產本金則可留給子女、孫或未出世的曾孫。

❹ 成立人可利用信託自由選擇受益人、資產分配數目和時間極具彈性。

❺ 成立適當的信託架構，可保障成立人的資產，免受債權人追討。

信託有那麼多好處，為何不是所有人都成立信託？因為新成立信託的入門資格或成本高於立一張平安紙很多倍。

除了考慮設立信託的費用外，將內地個人持有的資產轉入信託架構內產生的內地稅費亦是一個極重要的考慮因素（這部分已超出本書討論範圍，若有需要讀者可諮詢專業的內地稅務專家）。

CHAPTER
第五章
FIVE

五個有關繼承的案例

案例分析

周大強 2023 年年滿 70 歲，他在 1980 年與陳萍（周太）在香港結婚。他們結婚後有獨子周少強，周少強於 1985 年出生。他們三人均持有香港永久居民身份證。

2010 年，周大強在深圳買了一間住宅單位，面積 120 平方米，購入價是人民幣 100 萬元，這單位是以周大強的個人名義持有。

由 2010 年開始，周大強及周太每逢假日及長假期都會回深圳居住，基本上大約一半時間在內地居住及遊玩。

2020 年開始，因新冠病毒的原因，周大強及周太搬回香港居住。

2020 年周大強經香港律師協助寫一張遺囑（平安紙），其中指明深圳住宅單位由他的兒子周少強繼承。

2023 年通關後周大強夫婦搬回深圳居住，其後周大強於 2023 年在香港因病去世。

問題：周大強逝世，其在深圳住宅遺產怎樣處理及如何分配？

案例一

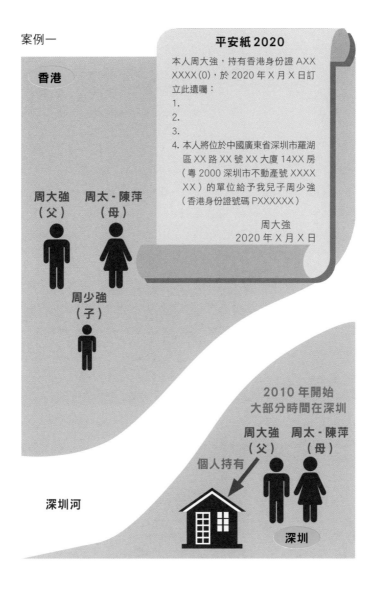

平安紙 2020

本人周大強，持有香港身份證 AXX XXXX (0)，於 2020 年 X 月 X 日訂立此遺囑：

1.

2.

3.

4. 本人將位於中國廣東省深圳市羅湖區 XX 路 XX 號 XX 大廈 14XX 房（粵 2000 深圳市不動產號 XXXX XX）的單位給予我兒子周少強（香港身份證號碼 PXXXXXX）

周大強
2020 年 X 月 X 日

香港

周大強
（父）

周太 - 陳萍
（母）

周少強
（子）

2010 年開始
大部分時間在深圳

周大強
（父）

周太 - 陳萍
（母）

個人持有

深圳河

深圳

2010 年周大強在深圳買了一間住宅單位，購買該單位時周大強與陳萍是在婚姻存續期間，即使該單位只由周大強的個人名義登記，但該單位屬於婚後財產，故單位業權屬於夫妻共同所有。所以由 2010 年開始該單位實質由周大強持有 50% 的業權及陳萍（周太）持有 50% 的業權。

周大強逝世後，只有屬於其持有的 **50% 業權成為其遺產**部分。

根據《民法典》第一千一百三十三條規定：「自然人可以依照本法規定，立遺囑處分個人財產，並可以指定遺囑執行人；自然人可以立遺囑將個人財產指定由法定繼承人中的一人或者數人繼承；自然人可以立遺囑將個人財產贈予國家、集體或者法定繼承人以外的組織、個人。」換言之，在這案例中，有訂立遺囑的，按照遺囑來繼承遺產。

由於 2020 年周大強寫了一張平安紙，其中將深圳住宅單位給予他的兒子周少強。所以周少強可依照遺囑，繼承其父周大強持有的深圳住宅單位業權（即該單位業權的 50%）。

手續

周大強去世後，繼承人需先在香港律師樓（具「中國委託公證人」資格）做《親屬關係及遺囑狀況聲明書》以及《繼承遺產聲明書》，再由此香港律師將該聲明書的副本（正本交給當事人）轉遞到深圳公證處。然後，所有繼承人帶齊身份證明資料及聲明書正本、被繼承人（即周大強）死亡證明、遺產證明，以及經香港高等法院認證的遺囑（被繼承人在世時最後一份遺囑），在深圳公證處辦理繼承權公證書。深圳公證處出具的公證書拿到後，所有繼承人帶着身份證明及繼承權公證書在深圳不動產登記中心當場辦理房產繼承手續。

如陳萍（周太）想把其佔有 50% 的產權轉讓給周少強（即由周少強 100% 持有該深圳住宅單位業權），可以通過親屬轉讓房產途徑，以房產登記原價，平手轉讓。

此途徑是成本最低的方式：根據《財政部國家稅務總局關於個人所得稅若干政策問題的通知（1994）財稅字第20 號》，個人轉讓自用達 5 年以上，並且是唯一的家庭生活用房取得的所得，免除轉讓該房產溢價的個人所得稅。同時該房產陳萍以平手轉讓給周少強，沒有溢價故沒有個人所得稅。

稅費

由於滿五唯一政策（個人持有住宅滿 5 年，並且是唯一住宅）（周大強 2010 年婚姻續傳期間購入，住宅實質由周大強持有 50% 的業權及周太持有 50% 的業權。周太 2024 年以房產登記原價〔平手轉讓〕予兒子，持有超過 5 年，且是唯一住宅），**增值稅**為 0，並且直系親屬之間轉讓可以平手轉，也沒有產生增值部分，所以不用繳納增值稅。增值稅為 0，那麼相應的城建稅及教育費附加也是 0（因為城建稅及教育費附加的納稅依據是增值稅）。

印花稅為 0，因為個人轉讓住宅免徵印花稅。

土地增值稅也是 0，因為原價平手轉讓，所以增值額為 0。

個人所得稅為 0，因為可以享受滿五唯一政策。

周大強在深圳買的這間住宅單位，面積 120 平方米（面積為 90 平方米以上的）、家庭唯一住房，**契稅**稅率是 1.5%，轉讓價格可按照成本價人民幣 50 萬元計稅（購入價人民幣 100 萬元，周太持有 50% 的業權），所以契稅為 7,500 元。

整個計劃（周太以平手價轉讓其持有 50% 業權的住宅給他的兒子）的總共稅費為 7,500 人民幣。

契稅優惠

根據《財政部國家稅務總局住房城鄉建設部關於調整房地產交易環節契稅營業稅優惠政策的通知》（財稅 [2016]23 號），自 2016 年 2 月 22 日起，對個人購買家庭唯一住房（家庭成員範圍包括購房人、配偶以及未成年子女）面積為 90 平方米及以下的，按 1% 的稅率徵收契稅；面積為 90 平方米以上的，按 1.5% 的稅率徵收契稅。

案例二

此案例與「案例一」資料基本相同，但周大強沒有立平安紙。

周大強 2023 年年滿 70 歲，他在 1980 年與陳萍（周太）在香港結婚。他們結婚後有獨子周少強，周少強於 1985 年出生。他們三人均持有香港永久居民身份證。

2010 年，周大強在深圳買了一間住宅單位，面積 120 平方米，購入價是人民幣 100 萬元，這單位以周大強的個人名義持有。

由 2010 年開始，周大強及周太每逢假日及長假期都會回深圳居住，基本上大約一半時間在內地居住及遊玩。

2020 年開始，因新冠病毒的原因周大強及周太搬回香港居住。

2023 年通關後周大強夫婦搬回深圳居住，其後周大強於 2023 年在香港因病去世。

問題：周大強逝世，其在深圳住宅遺產怎樣處理及如何分配？

該單位是周大強與陳萍在婚姻存續期間登記，即使該單位只由周大強的個人名義登記，但該單位屬於婚後財產，故單位業權屬於夫妻共同所有（*即周大強佔 50% 及陳萍佔 50%*）。

周大強逝世後，只有屬於其持有的 50% 業權成為其遺產部分。由於周大強沒有立遺囑及該單位位於深圳，故需要按照《民法典》第一千一百二十七條來分配周大強持有的深圳單位業權（*法定繼承*）。

根據《民法典》第一千一百二十七條，遺產按照下列順序繼承（*法定繼承*）：

（一）第一順序：配偶、子女、父母；

（二）第二順序：兄弟姐妹、祖父母、外祖父母。

繼承開始後，由第一順序繼承人繼承，第二順序繼承人不繼承；沒有第一順序繼承人繼承的，由第二順序繼承人繼承。

周少強（子女）和陳萍（配偶）作為第一順序繼承其遺產，周大強佔有的該單位 50% 業權分成兩半，周少強和陳萍各佔一半，遺產分配完後，該單位業權由周少強佔 1/4，陳萍佔 3/4。

	原有 （夫妻共有）	法定繼承 分配	遺產分配 完成後
周大強	50%	-50%	0%
陳萍	50%	+25%	75%
周少強	0%	+25%	25%

手續

周大強去世後，所有繼承人（陳萍和周少強）需先在國家司法部認可的香港律師做《親屬關係及遺囑狀況聲明書》及《放棄繼承權聲明書》（如有），再由此香港律師將該聲明書的副本（正本交給當事人）轉遞到深圳公證處。然後，所有繼承人帶齊身份證明資料及聲明書正本、被繼承人（即周大強）死亡證明、遺產證明，在深

圳公證處辦理繼承權公證書。深圳公證處出具的公證書
拿到後，所有繼承人帶着身份證明及繼承權公證書在深
圳不動產登記中心當場辦理房產繼承手續。

在公證時，陳萍可以選擇放棄繼承周大強 1/4 部分遺產，
由周少強繼承。如是，需要在公證處提供《放棄繼承權
聲明書》作為輔證材料。

如陳萍想把其佔有 50%（原夫妻共有部分）的產權轉讓給
周少強（即由周少強 100% 持有該深圳住宅單位業權），
可以通過親屬轉讓房產途徑，以房產登記原價，平價
轉讓。

稅費

此途徑是成本最低的方式。根據《財政部國家稅務總局
關於個人所得稅若干政策問題的通知（1994）財稅字第
20 號》，個人轉讓自用達 5 年以上，並且是唯一的家庭
生活用房取得的所得，免除轉讓該房產溢價的個人所得
稅；同時該房產陳萍以平手轉讓給周少強，沒有溢價，
故也沒有個人所得稅。整個計劃（周太以平手價轉讓其
持有 50% 業權的住宅賣給他的兒子）只需繳納契稅為
7,500 人民幣。（見上述案例一有關契稅的計算部分）。

案例三

此案例與「案例一」資料基本相同，但周大強及周太在生前訂立了**財產分配協議**。

　　周大強 2023 年年滿 70 歲，他在 1980 年與陳萍（周太）在香港結婚。他們結婚後有獨子周少強，周少強於 1985 年出生。他們三人均持有香港永久居民身份證。

　　2010 年，周大強在深圳買了一間住宅單位，面積 120 平方米，購入價是人民幣 100 萬元，這單位以周大強的個人名義持有。

　　由 2010 年開始，周大強及周太每逢假日及長假期都會回深圳居住，基本上大約一半時間在內地居住及遊玩。

　　2019 年周大強及周太找律師訂立了財產分配協議。財產分配協議訂明雖然有關深圳所購入的住宅是夫婦存續期間購入，屬於夫婦共同財產，但以周大強名義登記；財產分配協議訂明全部權益由周大強擁有，周太並沒有份額。

　　2020 年開始，因新冠病毒的原因周大強及周太搬回香港居住。

2020 年周大強經香港律師協助寫一張遺囑（平安紙），其中將深圳住宅單位給予他的兒子周少強。

　　2023 年通關後周大強夫婦搬回深圳居住，其後周大強於 2023 年在香港因病去世。

問題：周大強逝世，其在深圳住宅遺產怎樣處理及如何分配？

2010 年周大強在深圳買了一間住宅單位，購買該單位時周大強與陳萍在婚姻存續期間，即使該單位只由周大強的個人名義登記，但該單位屬於婚後財產，故單位業權屬於夫妻共同所有。所以由 2010 年開始該單位實質由周大強持有 50% 的業權及周太持有 50% 的業權。

2019 年周大強及周太找律師訂立了財產分配協議。財產分配協議訂明雖然有關深圳所購入的住宅是夫婦存續期間購入，屬於夫婦共同財產，但以周大強名義登記。財產分配協議訂明全部權益由周大強擁有，周太並沒有份額。

周大強逝世後，屬於其持有的 100% 業權成為其遺產部分。

根據《民法典》第一千一百三十三條規定：「自然人可以依照本法規定，立遺囑處分個人財產，並可以指定遺囑執行人；自然人可以立遺囑將個人財產指定由法定繼承人中的一人或者數人繼承；自然人可以立遺囑將個人財產贈予國家、集體或者法定繼承人以外的組織、個人。」

有遺囑繼承的，按照遺囑來繼承遺產。由於 2020 年周大強寫一張平安紙，其中將深圳住宅單位給予他的兒子周少強。所以周少強可依照遺囑繼承其父周大強持有的深圳住宅單位業權 *（即該單位業權的 100%）*。

手續

周大強去世後，繼承人需先在國家司法部認可的香港律師做《親屬關係及遺囑狀況聲明書》以及《繼承遺產聲明書》，再由此香港律師將該聲明書的副本 *（正本交給當事人）* 轉遞到深圳公證處。然後，所有繼承人 *（即周少強）* 帶齊身份證明資料及聲明書正本，被繼承人 *（即周大強）* 死亡證明、遺產證明、經香港高等法院認證的遺

囑（被繼承人在世時最後一份遺囑），在深圳公證處辦理繼承權公證書。深圳公證處出具的公證書拿到後，所有繼承人帶着身份證明及繼承權公證書在深圳不動產登記中心當場辦理房產繼承手續。

案例四

陳大民今年（2023 年）73 歲，他在 1970 年與李萍萍在香港結婚。

結婚後他們育有兒子陳小明及女兒陳美美，2023 年兩者均已超過 21 歲。

2000 年，陳大民在中山小欖鎮晨星花園購買了一套別墅（別墅面積約 150 平方米），購入價人民幣 50 萬元，這別墅以陳大民個人的名義持有（這別墅當年購入是清水房，屬於普通住宅的建設）。

2018 年陳大民在中山石岐購買了一個公寓單位，業權以他的名義擁有，購入價人民幣 60 萬元，以現金支付，公寓在 2020 年交付。

由 2016 年開始，他們基本上回到中山小欖的別墅居住。

2020 年開始，因新冠病毒的原因他暫時搬回香港居住。

2021 年他的妻子因病在香港去世，並沒有任何遺囑。

2023 年，因基於年紀大，他將在中山小欖的別墅以市價 300 萬元人民幣出售（假設沒有任何按揭）。他將出售小欖別墅後的金額放在深圳中國銀行戶口內。另外，在 2023 年他找律師寫一張平安紙，將在中山石岐的公寓給予他的兒子陳小明，並且將他在內地中國銀行戶口內現金平分予他的兒子陳小明及女兒陳美美。

問題：

一、陳大民出售小欖別墅所需交納的內地稅項是多少？

二、他可以在哪裏（內地或香港）書寫遺囑？手續有何不同？

三、假設他在 2023 年寫了平安紙及於 2025 年去世，他的兒子及女兒怎樣辦理他深圳中國銀行戶口的繼承手續？

四、他的兒子怎樣辦理在中山石岐公寓的遺產繼承手續？

五、2021 年陳太過世時，遺產如何分配？

接續上述第五題，假設陳大民 2025 年也過世，其遺產如何分配？

案例四

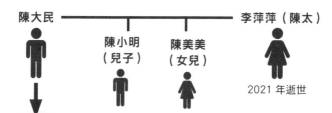

陳大民 ── 李萍萍（陳太）

陳小明（兒子）　陳美美（女兒）

2021 年逝世

個人持有

中山石岐公寓
（2018 年購入）

中山小欖別墅
（2000 年購入）

2023 年出售予第三者，繳稅後收回 300 萬並存入銀行。

存入

深圳銀行戶口

平安紙

本人陳大民，持有香港身份證 XXX XXXX，於 2023 年 X 月 X 日訂立此遺囑：

1.

2.

3.

4. 本人將位於中國廣東省中山市石岐 XX 路 XX 號（粵 2000 中山市不動產號 XXXXXX）的單位給予我兒子陳小明（香港身份證號碼 XXXXXXX）

5. 本人將位深圳中國銀行戶口號 XXXXXXXX 存款平分予兒子陳小明及女兒陳美美（香港身份證號碼 XXXXXXX）

陳大民
2023 年 X 月 X 日

答題一：

❶ **增值稅**：陳生購買房子滿 5 年免徵增值稅。政策依據：《國家稅務總局關於發佈〈納稅人轉讓不動產增值稅徵收管理暫行辦法〉的公告》（國家稅務總局公告 2016 年第 14 號）：個人將購買不足 5 年的住房對外銷售的，按照 5% 的徵收率全額繳納增值稅；個人將購買 5 年以上（含 5 年）的非普通住房對外銷售的，以銷售收入減去購買住房價款後的差額，按照 5% 的徵收率繳納增值稅；個人將購買 5 年以上（含 5 年）的普通住房對外銷售的，免徵增值稅。

陳大民在 2000 年已購入中山小欖的別墅（屬於普通住宅的建設），已經超過 5 年，所以根據這條公告，他可以免交增值稅。

❷ **契稅**：根據《財政部國家稅務總局住房城鄉建設部關於調整房地產交易環節契稅營業稅優惠政策的通知》（財稅 [2016]23 號）第一條規定，關於契稅政策：對個人購買家庭唯一住房（家庭成員範圍包括購房人、配偶以及未成年子女，下同），面積為 90 平方米及

以下的，按 1% 的稅率徵收契稅；面積為 90 平方米以上的，按 1.5% 的稅率徵收契稅。因別墅面積為 120 平方米，有關契稅金額如下：3,000,000 × 1.5% = 45,000，但契稅是由買家支付。

❸ **個人所得稅**：根據《國家稅務總局關於個人轉讓房屋有關稅收徵管問題的通知》（國稅發 [2007]33 號）第三條規定：根據《財政部 國家稅務總局建設部關於個人出售住房所得徵收個人所得稅有關問題的通知》（財稅字 [1999]278 號）的規定，個人轉讓自用 5 年以上，並且是家庭唯一生活用房，取得的所得免徵個人所得稅。

因這個中山小欖的別墅單位是陳大民的唯一內地住宅（中山石岐的公寓不是屬於住宅樓契）所以根據滿五唯一的政策，陳大民亦可以豁免個人所得稅。

❹ **印花稅**：根據《財政部國家稅務總局關於調整房地產交易環節稅收政策的通知》（財稅 [2008]137 號）第二條，對個人銷售或購買住房暫免徵收印花稅。

❺ **土地增值稅**：根據《財政部國家稅務總局關於調整房地產交易環節稅收政策的通知》（財稅 [2008]137 號）第三條，對個人銷售住房暫免徵收土地增值稅。

故此陳大文出售中山小欖別墅單位後，**豁免不用交納以上稅項**，他收到最後的金額是 300 萬元人民幣（*除了契稅是由買家承擔*）。

答題二：

陳大民可以選擇在內地或香港書寫遺囑，往後的繼承手續也是一樣的；留意不論在內地還是香港寫遺囑都需要經過兩地的公證。

答題三：

因為陳大民的銀行戶口是在深圳，他去世後，繼承人需先在香港律師樓辦理《親屬關係及遺囑狀況聲明書》以及《遺囑繼承聲明書》，再由香港律師樓將該聲明書的副本（*正本交給當事人*）轉遞到深圳公證處。然後，所有繼承人帶齊身份證明資料及聲明書正本、被繼承人死亡證明、遺產證明、經香港高等法院認證的遺囑（*被繼*

承人在世時最後一份遺囑），在深圳公證處辦理繼承權公證書。繼承權公證書拿到後，所有繼承人帶着身份證明及繼承權公證書在深圳中國銀行當場辦理銀行存款繼承手續，被繼承人銀行戶口隨即註銷。

答題四：

有關陳小明繼承中山石岐公寓，因公寓位處中山，由上述流程中的香港律師樓轉遞另一份聲明書至中山公證處，陳小明帶身份證明及聲明書正本、被繼承人死亡證明、遺產證明、經香港高等法院認證的遺囑（被繼承人在世時最後一份遺囑），在中山公證處辦理繼承權公證書。公證書拿到後，陳小明帶着身份證明及繼承權公證書在中山不動產登記中心當場辦理公寓繼承手續。

答題五：

陳太過世時沒有遺囑，即按照法定繼承來分配陳太遺產。因為別墅及公寓都是陳生陳太婚姻續存期間購入的，屬於夫婦共同財產，陳太亦佔 50% 的實質份額。

別墅和公寓陳太佔 1/2 部分的份額分三份給：兒子陳小明

佔公寓 1/6 份額（即 16.667%），女兒陳美美佔公寓 1/6 份額，陳大民亦佔公寓 1/6 份額，再加上他自己原有的 50% 份額，實質佔 4/6 份額（即 66.667%）。見表一的演算：

表一：中山石岐公寓份額分配

| | 原有
（夫妻共有） | 2021 年
陳太去世 | |
		法定繼承 分配	遺產分配 完成後
陳大民	50%	16.667%	66.66700%
陳太	50%	-50.000%	
陳小明	0%	16.667%	16.66700%
陳美美	0%	16.667%	16.66700%

答延伸問題：

根據《民法典》第一千一百二十三條【法定繼承、遺囑繼承、遺贈和遺贈扶養協議的效力】，繼承開始後，按照法定繼承辦理；有遺囑的，按照遺囑繼承或者遺贈辦

理；有遺贈扶養協定的，按照協定辦理。遺囑繼承優於法定繼承，即有遺囑的按照遺囑約定繼承。

按照遺囑，陳大民將中山石岐公寓給陳小明，即將其自己擁有的 4/6 份額（即 66.667%）分配給陳小明，加上由陳太過世時承繼的 1/6 份額（即 16.667%），陳小明佔公寓 5/6 份額（即 83.334%），而陳美美仍持有此公寓的 1/6 份額（即 16.667%）（這是由陳太過世時法定繼承給陳美美承受的）。見表二的演算。

至於中山小欖別墅賣出的 300 萬（陳大民存入深圳中國銀行戶口），陳小明和陳美美平分各得 150 萬。見表三的演算。

表二：中山石岐公寓份額分配

	原有 （夫妻共有）	2021 年 陳太去世		2025 年 陳大民去世	
		法定繼承 分配 1	遺產分配 完成後	法定繼承 分配 2	遺產分配 完成後
陳大民	50%	16.667%	66.66700%	-66.667%	
陳太	50%	-50.000%			
陳小明	0%	16.667%	16.66700%	66.667%	83.334%
陳美美	0%	16.667%	16.66700%	0.000%	16.667%

分配完成後的份額

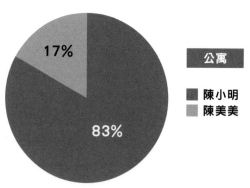

公寓

■ 陳小明
■ 陳美美

表三：出售中山小欖別墅 300 萬份額分配

| | 原有
（夫妻共有） | 2021 年
陳太去世 | | 2023 年
別墅 300 萬 | 2025 年
陳大民去世 | |
		法定繼承 分配 1	遺產分配 完成後	各人份額 （萬）	法定繼承 分配 2（萬）	遺產分配 完成後（萬）
陳大民	50%	16.667%	66.66700%	200.00	-200.00	0.00
陳太	50%	-50.000%		-		-
陳小明	0%	16.667%	16.66700%	50.00	100.00	150.00
陳美美	0%	16.667%	16.66700%	50.00	100.00	150.00

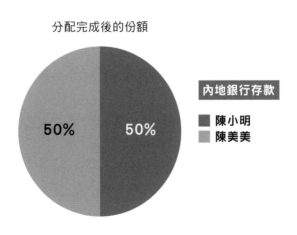

分配完成後的份額

內地銀行存款

■ 陳小明
■ 陳美美

50% 50%

案例五

周一明於 1965 年在香港出生，大學時修讀會計，是一名香港的專業會計師。1994 年他跟蘇小小（周太）在香港結婚。由 2009 年開始因工作需要，周一明基本上由香港公司派駐他到內地不同城市出差及居住（而周太基本上亦陪伴他在內地居住）。他們的兒子周少鵬，1995 年在香港出生，現時在英國修讀博士課程。

2000 年周一明在香港購入太古城一住宅單位，當時價值是 300 萬港元，並且以他個人的名義持有（2023 年時的市值大約 1,000 萬港元）。太古城單位是供周一明夫婦在香港期間及周少鵬回港的時候居住。

2003 年沙士之後，周一明及太太以聯名方式（joint tenancy）購入一個長沙灣的工廈單位，當時價值是 100 萬元（2023 年市值是 350 萬港元）。

另周一明及周太在香港有一個共同的銀行戶口（joint account），簽字安排是其中一人簽字有效，期間平均有 6 位數字存款。

2003 年沙士完結數月之後，他在深圳福田購入一個複式住宅單位（面積 200 平方米，當時購入價是

150 萬人民幣，2023 年市值大約 2,000 萬人民幣。）

2005 年他在北京機場路附近購入一座別墅，當時購入價 200 萬人民幣。（面積 250 平方米，2023 年市值大約 3,000 萬人民幣。）

周一明的父親是周顯，1932 年在內地出生，其後因戰亂避難至香港定居。（周一明的母親在 1980 年代已逝世）。

周一明的二弟周二明，1969 年出生，已移民加拿大多年。

周一明的三弟周三明，1972 年出生，因與父親不和，多年前已離家出走，亦跟周一明沒有往來及任何聯絡方法。

周顯在 2000 年退休後便住在香港老人院，他亦不用三個兒子供養，因為他有豐厚的退休金。

2023 年因急性肺炎，周一明在香港逝世，**並沒有任何遺囑**。其後在遺產的分配期間，周一明的爸爸周顯在 2024 年年初因病在香港逝世（假設周顯個人沒有任何遺產留下）。

案例五

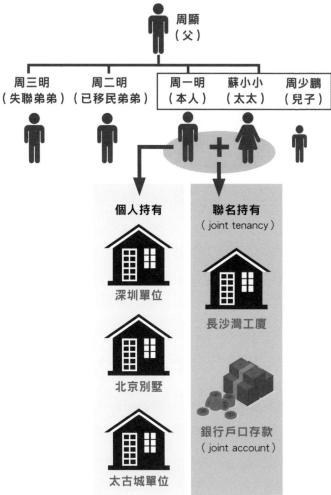

問題：

一、周一明在香港的遺產怎樣分配及處理？

二、周一明在內地的遺產怎樣分配及處理？

答題一：

周一明生前並沒有立遺囑。其在香港的遺產按照香港的無遺囑下的遺產法例分配。

因為長沙灣的工廈單位是他與太太以聯名（Joint Tenant）方式購入，這個不屬於遺產的範疇。這種俗稱長命契的房產，其中一方去世後直接由另一在生者（周太）擁有。

另外他與太太共同的銀行戶口（Joint Account）亦都不屬於遺產範圍。周一明死後，戶口的擁有權由周太擁有。[①]

至於太古城單位是由周一明個人名義持有。

按照我們在 3.1 節（頁 61）所述：「配偶及子女尚存，不論父母或兄弟姐妹是否在世，尚存配偶可先收到以下

註 ①：假設周一明及其太太跟銀行簽署共同戶口（joint account）之簽字安排是其中一人簽字有效，所以當周一明逝世後，戶口的擁有權才可由周太擁有。所以讀者若跟親屬是有共同戶口（joint account），建議要向銀行查詢有關開戶文件的條約。

物品：所有個人物品，如家具、服裝、配飾、車輛和剩餘資產中的 500,000 元。如果還剩下任何資產，那麼它們將被分成兩半。一半將給予尚存配偶，另一半將平等地給予其子女。」

案例中假設太古城單位扣除所有手續費後可以出售套現 1,000 萬港元，房產變賣後首 50 萬港元先給予周太，餘下的 950 萬港元由周太及周少鵬平分，每人得到 475 萬港元。所以周太可以得到 525 萬港元，周少鵬可以得到 475 萬港元。

當然這個單位周太及周少鵬仍然居住中，所以變賣這個單位的情形可能不會現實。則周太及周少鵬可以按照份額（Tenants in common）分權擁有這個單位：周太佔 52.5%，周少鵬佔 47.5%。

由於周一明的離世沒有遺囑留下，周太將會是周一明遺產的遺產承辦人，協助處理遺產繼承手續。在香港，所有物業的業權轉讓或變更必須經律師處理。由於今次的業權變更源自業權人離世，周太（遺產承辦人）要準備周一明的死亡證明文件、與周一明的結婚證書及周少鵬

的出世紙，到律師樓啟動辦理遺產承辦手續及太古城單位的業權變更手續。

(請注意：在香港去世者在無遺囑情況下有配偶及或子女，第一順序不會給予死者的父母。這點與內地的無遺囑繼承〔法定繼承〕大大不同，請見以下答題二的說明。)

答題二：

周一明在內地共有兩處遺產，分別是深圳福田的複式住宅和北京的別墅。*(2023年市值共約5,000萬人民幣)*

❶ 2023年周一明去世，上述兩處物業均是周一明和周太婚姻存續期間的共同財產，所以周太均佔有上述兩處資產1/2的份額，換言之上述兩處物業只有1/2的業權是周一明的遺產。

因周一明在香港逝世，並沒有任何遺囑，這屬於法定繼承：周太、兒子及周一明父親分別佔有周一明個人遺產的1/3份額，即周太佔4/6（*其個人佔1/2的份額及從周一明承受的1/3份額*），兒子佔1/6，父親（*周顯*）佔1/6。見表四。

表四：周一明內地遺產（北京及深圳房產）分配

	原有（夫妻共有）	2023 年周一明去世	
		法定繼承分配	遺產分配完成後
周一明	50%	-50.000%	0.000%
周太（蘇小小）	50%	16.667%	66.667%
周少鵬	0%	16.667%	16.667%
爸爸（周顯）	0%	16.667%	16.667%
周二明	0%	0.000%	0.000%
周三明	0%	0.000%	0.000%

❷ 周顯有分配到周一明內地 1/6 遺產，這個是屬於他的資產。

2024 年周顯過世，其個人無私人遺產，因周顯並沒有任何遺囑，這屬於法定繼承範疇：由周二明和周三明作為兒子可分到周顯的遺產，周太（由於 2005 年開始陪同周一明由香港公司派駐到內地的不同城

市出差及居住,所以作為兒媳未能盡主要贍養義務)
不能分到周顯遺產。另外周一明作為周顯的兒子應
該可以繼承周顯所佔有的內地遺產,但因為周一明
已先於周顯過身(屬於白頭人送黑頭人的例子,這在
內地屬於代位繼承:由周一明的兒子周少鵬代替他
爸爸周一明繼承其爺爺留給他爸爸周一明的遺產)。
這樣周顯個人的遺產將分為三部分給予:周二明、
周三明和周少鵬。

周顯有分配到周一明內地 1/6 遺產,這個是屬於他
的資產。即本次分配:周二明、周三明和周少鵬各
佔 1/18 內地遺產。周三明雖然失聯且無法取得聯
絡,但是仍屬於周顯之第一順序法定繼承人,可以
繼承其父親周顯遺產。

所以,最後周一明在內地的兩處遺產:分別由周
太佔有 12/18 (或 4/6),兒子周少鵬佔有 4/18
(1/6+1/18),周二明佔有 1/18,周三明佔有 1/18。
見表五。

表五：周一明內地遺產（北京及深圳房產）分配

	原有 （夫妻共有）	2023 年 周一明去世		2024 年 周顯去世	
		法定繼承 分配 1	遺產分配 完成後	法定繼承 分配 2	遺產分配 完成後
周一明	50%	-50.000%	0.000%	0.000%	0.000%
周太 （蘇小小）	50%	16.667%	66.667%	0.000%	66.667%
周少鵬 *	0%	16.667%	16.667%	5.556%	22.223%
爸爸 （周顯）	0%	16.667%	16.667%	-16.667%	0.000%
周二明	0%	0.000%	0.000%	5.556%	5.556%
周三明	0%	0.000%	0.000%	5.556%	5.556%

＊ 周少鵬代位繼承其爺爺（周顯）留給他爸爸周一明的遺產（5.556%）

❸ 遺產繼承流程如下：

2023 年周一明去世後，所有繼承人（*周太、兒子周少鵬及父親周顯*）就應該分配遺產了，但是在分配期間，2024 年周顯因病逝世，那在周顯逝世後所有繼承人分配遺產流程如下：

（一）2024 年所有繼承人（周太佔有 12/18，兒子周少鵬佔有 4/18，周二明佔有 1/18，周三明佔有 1/18）需先在香港律師樓辦理《親屬關係及遺囑狀況聲明書》及《放棄繼承遺產聲明書》（若有放棄繼承）（《放棄繼承權聲明書》可在內地公證處或境外各國領事館辦理，但《親屬關係及遺囑狀況聲明書》仍然須找香港律師樓之「中國委託公證人」辦理）。特別注意，《親屬關係及遺囑狀況聲明書》需要所有繼承人到場，包括已經失聯的周三明也要聯繫回香港做公證。

聲明書內容大致如下（具體格式要求以香港的為准）：

ⓐ 聲明人情況；

ⓑ 死者情況（性別、出生及死亡時間、地點、身份證號碼等）；

ⓒ 死者親屬情況（包括死者的配偶、父母、子女等）；

ⓓ 死者的財產情況。

（二）　上述聲明書的副本經「中國法律服務公司」進行審核、加章及分別轉遞到深圳及北京公證處（*物業所在地公證處*）；所有繼承人帶齊本人的相關身份證明資料（*護照、身份證、回鄉證、結婚證等*），及上述文件的正本、被繼承人死亡證明、遺產證明等，然後到物業所在地公證處辦理繼承權公證。

（三）　待公證處出具繼承權公證書後，繼承人即可拿繼承權公證書分別至不動產所在地的登記中心，辦理房產證過戶（*更改房產證之產權人名*）。

周三明已經失聯，怎樣找他一同到香港律師公證作公證？

持有內地物業的香港人，其繼承最容易出現問題就在這一點，**如果有關繼承人失聯或者不合作，基本上整個繼承權的手續就停止，不能再進行。**

所以若香港人是有內地資產，包括物業或者其他股權，最好在生前處理，如寫一張有效的平安紙、先出售第三

者套現或轉讓給親屬。

續以上例子，若最終真是找不到周三明，最後可以再找內地的律師幫助，由周太及周少鵬作為共同起訴人，起訴周二明及周三明，以便走法院程序，由法院判決最後份額及權屬（當然亦要視乎這些資產的價值，值不值得走這些法律程序）。

讀者請注意：在香港去世者於無遺囑情況下有配偶或子女，第一順序不會給予死者的父母。這點與內地的無遺囑繼承（法定繼承）大大不同。所以讀者可以看到周一明同時有內地及香港的資產，在他沒有遺囑的情況之下逝世，香港資產繼承及分配相對直接，而內地的部分則有較多變數。

所以筆者建議，如果讀者是有內地資產（無論是不動產或者動產），應在生前規劃處理，例如訂立遺囑或者先轉讓予直系親屬，則整個承繼處理來得比較方便。

APPENDIX

附　錄

內地遺產稅法
最新發展

遺產稅是以財產所有人死亡時所遺留的財產為徵稅目的，並向遺產的繼承人一次性徵收的一種財產稅；很多發達經濟國家，例如美國、英國、日本等都設有遺產稅。當財產所有人逝世時的財富達到某一個金額時，國家對於其遺產徵收一定的稅費。所以可以說遺產稅是一種劫富濟貧或者財富再分配手法。

截至本書截稿時（2024 年 3 月），內地仍沒有頒佈及實行遺產稅！

那麼內地是否具備開徵遺產稅的條件？根據已經開徵遺產稅的國家的經驗，遺產稅的徵稅範圍十分廣闊，包括被繼承人（*逝世者*）的各項不動產和動產，故需要完備的財產登記制度作基礎，為稅務部門掌握遺贈財產的資訊提供技術基礎。現時內地稅務部門已採用「金稅四期」（*即國家稅務總局推出的第四代納稅服務平台*），是一包含多個政府部門的大數據分析系統，更能掌握納稅人的全面數據。

筆者在本書多次說明，若香港人在內地有資產及沒有遺囑的情況之下逝世，其繼承人辦理遺產繼承的時候將十分繁複。

隨着大灣區的融合，香港人在內地的資產（動產或不動產）將會大大增多，筆者建議讀者要早作安排，例如可預先轉讓資產予直系親屬或預先訂立一張有效的遺囑。

參考書目

（1）王斌，《2022 年國家統一法律職業資格考試 —— 客觀題三國法題庫》。中國政法大學出版社，2012 年。

（2）朱丹穎，《中華人民共和國民法典 —— 實用版》。中國法制出版社，2020 年。

（3）李斌，《2022 年 21 天突破 CPA 註冊會計師全國統一考試應試指導》。經濟科學出版社，2022 年。

（4）陳弘毅、張增平、陳文敏、李雪菁，《香港法概論》（修訂版）。三聯書店鋪（香港）有限公司，2022 年。

（5）萬鄂湘，《中華人民共和國涉外民事關係法律適用法 —— 條文理解與適用》。中國法制出版社，2011 年。

（6）繆藚、陳夏，《高淨值人群婚姻家事法律實務》。中國法制出版社，2012 年。

（7）覺曉法考，《法考講義（2023）版 —— 民法》。西南大學出版社，2012 年。

後 記

我們由構思這個「香港人在大灣區系列」之遺產繼承題目至落筆完成，大約花了半年時間，在整個寫作過程中，我們團隊分別走訪了大灣區內不同城市，包括深圳、廣州及佛山等，實地考查在公證處、稅局及房地局辦理公證及直系親屬轉名等手續。

在這半年時間中，北上消費變成熱潮，甚至北上看牙醫亦成為趨勢，變化很大。我們深深體會到，這種融合的趨勢，勢必令港人面臨更多在大灣區內的不同事務和狀況，期盼他日能書寫更多。

在整個寫作過程中，我們亦學習很多，所謂教學相長，但內容難免仍有遺漏之處，故此讀者如有需要再作討論的地方，可以聯絡我們。電郵：hkpeoplegba@gmail.com

伍國賢
周永勝會計師事務所有限公司團隊
2024 年 3 月 15 日

遺產繼承一本通

編著
伍國賢大律師、周永勝會計師事務所有限公司團隊

責任編輯
梁卓倫

裝幀設計
羅美齡

排版
辛紅梅

出版者
萬里機構出版有限公司
香港北角英皇道 499 號北角工業大廈 20 樓
電話：2564 7511　　傳真：2565 5539
電郵：info@wanlibk.com
網址：http://www.wanlibk.com
　　　http://www.facebook.com/wanlibk

發行者
香港聯合書刊物流有限公司
香港荃灣德士古道 220-248 號荃灣工業中心 16 樓
電話：2150 2100　　傳真：2407 3062
電郵：info@suplogistics.com.hk
網址：http://www.suplogistics.com.hk

承印者
美雅印刷製本有限公司
香港九龍觀塘榮業街 6 號海濱工業大廈 4 樓 A 室

出版日期
二〇二四年四月第一次印刷

規格
特 16 開（208 mm × 142 mm）